『공수래 병수거』이어
공수래 생수거

조규춘 시집

시와사람

공수래 생수거

2025년 9월 11일 인쇄
2025년 9월 15일 발행

지은이 조규춘

펴낸이 강경호   편집장 강나루   디자인 정찬애
펴낸곳 도서출판 시와사람
등록 1994년 6월 10일 제 05-01-0155호
주소 광주시 동구 양림로119번길 21-1(학동)
전화 (062)224-5319   E-mail jcapoet@hanmail.net

ISBN 978-89-5665-786-8   03810

값 12,000원

ⓒ 조규춘, 2025
이 책의 저작권은 저자에게 있습니다.
저작권에 의해 보호를 받는 저작물이므로
저자의 허락 없이 무단 전재와 복제를 금합니다.

공수래 생수거

어디 공술 없소
회갑에 문외한 시 쓰기 시작의 해,
제주도 스킨스쿠버 첫 입수시 빈 병 3개를 주워
호주머니에 담고 들고 나와 군 시절 공수대원으로 노병은
하늘에서 바다로 3년 만에 첫 시집『공수래 병수거』
이듬해 디카시집『줄탁동시』다
난해, 글이 칠순에는 디카시공모전 짭짤한 맛에 싹쓸이라니
난 해(I do). 뜬금없이가
디카시집『디카시 디자인』을, 함께 묶은 원고 털어
빈병에 담은 시가 둘째 시집『공수래 생수거』다
살날을 차용하고 싶지 않은 마지막 바람

해 뜨고 지는 천문대 2022 춘분, 고창에서

1 천지 세 갈래

16 최초 태제영무 胎臍靈舞
17 들러리 단추
18 부자세 꿍꿍이
19 엉덩이에 뿔
20 망초 성을 묻지 않는다
21 압록에서 곡성
22 관매도觀梅島 장葬보고
23 공모에서 응모
24 붉은 펜의 증후군
25 천지天池 세 갈래
26 쌍방 밑불 작전
27 역학의 궁합
28 식지 않은 염원
29 죽일 넘들
30 우애로운 벚나무
31 세간 신문 가위질
32 여왕과 땡벌
33 작전 명령 XO
34 무등산은 말한다

푸른 기와집　35
비무장은 없다　36
뎁데꼬깔　37
풀피리 조명발　38
지리산 영원사靈源寺　39
해맞이 퍼포먼스　40

2 반영의 세월

마음 속 미음　42
생일날 보릿국　43
문명의 저편　44
반영의 세월　45
원셔 문ᇂ학관　46
할머니의 미사　47
한겨레 멋 하나로 맛　48
스무고개 두 다리　49
별천지 농막　50
투명 인간 되어　51
못다 한 숙제　52
허난설헌 공원　53

54 　죽녹원 그리다
55 　갯고둥 전언
56 　와온 24시
57 　〈˙ ˙〉개안開眼
58 　손끝 발끝
59 　하나 된다는 건
60 　양平 용門사 행자木
61 　옥루흔屋漏痕
62 　트라이앵글 운다
63 　목포의 소야곡
64 　숨 고르기 도약
65 　내 안의 주인 것을
66 　머릿결에 싣다

③ 허깨비 보호색

68 　해맞이 비손
69 　다육이 다문화
70 　고내다

무식이 용감한 트렌드　71
바람 속 바람　72
허깨비 보호색　73
우포늪 울음　74
긴 폭우가 시작된다　75
쉬일없는 숨은 일꾼　76
천○지口인△　77
소나무 궤적을 따라서　78
와송臥松 와선臥禪　79
영산포 팽 어르신　80
봄바람에 취하다　81
수목요양원　82
애월의 숨바꼭질　83
도가도 비상도　84
없이 계시는 앵두　85
승천 보 행선　86
참 그리고 새　87
내려앉은 별꽃　88
美운 꽃　89

90   고창 소요사에서
91   울고 넘는 삽질
92   비화 한계령 비화

4 오구烏口 조감도

94   세 겹 속살
95   피할 수 없는 동승자
96   붉은 찔레꽃 연정
97   열아홉 순정파
98   오구烏口 조감도
99   하늘+조우선
100   4 구 4 일생
101   秋亿추억
102   두암초당 갓끈
103   통 큰 박 서리
104   겨울을 포옹한다
105   마이 웨이馬耳 way
106   학이 시습
107   울지마라 홍어야
108   스무고개 고사리

시작과 끝의 고개　109
해신 굿　110
개 꼴　111
콘돔과 고모라　112
문이동풍 蚊耳東風　113
우생마사 牛生馬死　114
간이역 따라서　115
김광석 골목길 그림자　116
牛川里 3층 석탑　117
영혼도서관　118

| 평설 |

기상천외한 퍼포먼스, 임기능변의 천의무봉,
풍자 질펀한 무소유 시 / 노창수

공수래 생수거

1
천지 세 갈래

동해로 두만강 서해로 압록강
하늘길 바닷길 열리는 건 순간이다
결단이다
땅 위아래 군더더기는

태제영무 2020 상강날, 노고단에서

최초 태제영무 胎臍靈舞
-배꼽춤

대 봉황이 돌아오기를 기원이라도
서리 내리자 개구리 들어가는 상강 날

상돌에 젓가락 없어도 색연필 자리한다

두 팔에 날개 달고 받들어 모신 태양
배꼽에 흰 반창고로 우물 井자 붙이고
마고 할무니 돌무지에 크나큰 절한다

노고단 줄기 따라 실구름 타고 춤춘다

넘치는 배달의 물줄기
무넘기로 배를 불린다

대지의 풍요를 감싸안은 제물 상 위로
깍깍 찾아든 날개 그림자에 멈춘 바람

돌탑 심지에 염원의 불꽃 날아 붙는다

들러리 단추

비자금 지키는 고비 문
고픈 배 추스르는 배꼽 문
빗장 채우는 허리띠 바지 문
삼지창으로 지켰다

배꼽에 바람 들까
우리 키에 필요 없는 양키 단추
두 개면 되는 것을 세 개씩이나

제 몸에 제격인데
거울 없이 눈감고도 옷고름 맨
허리 동여맨 수문장이 있었는데

이 땅에 들끓는 카키색
무게 잡는 게 유분수지
몽키 몽니가 몽리를 부린다

어퍼컷, 세 억지 봉 단추
굿바이, 키다리 양키 카키 몽키

부자세 꿍꿍이

해적 왕국에서 모자세 걷자
모자 벗어 던져 신사를 포기한 나라
창문세 매기자 박살 낸 유리
멋을 포기한 집 하늘빛마저 닫혔다

명품 가방에 모피 코트 세금 더하면
동방 예의 바람에 날아갈까
강남 자부심에 한강 통과세 매겨
자긍심 끝까지 지켜줘야 한다
한남대교 강물 바닥나기 전에

어떤 고분에선 금관이 나오고
어떤 옹관에선 토우뿐이란다

재봉질 손끝에 주름살 박던 땀방울
나라가 무너질 듯 빨간불 켜지자
서랍장 은수저까지 내놓은 서민들

그들의 세법은 모르쇠가 아니었다

엉덩이에 뿔

연자가 물방아 찧으면 육질이 다를까

찌는 더위에 뚫어버린 막창
찜통 세상으로 낮달이 들어선다
죽부인 사랑방에 에어컨 입양하자
외양간으로 쫓겨난 선풍기
목덜미만 아프다

서까래에 차일 치고 차단한 햇빛
털가죽에 선크림 바르는 일
복합 사료에 코뚜레 없는 육우
부채! 부채 든 손가락 장을 지진다

물 건너올 슈퍼 사료로 소죽을 쑬까
뚫린 창에 거미가 방충망 친다
막장에서 등물은 찜질 사우나인가
한우가 눈곱 낀 뻘건 눈으로
눈치껏 눈물 훔치며
코뿔소를 낳는다

망초 성을 묻지 않는다

푸른 들판 비바람에도 풀꽃 피던 날
흰옷 무더기로 만세가 터진다
흐드러진 들꽃 속 용기 솟구치던
내 유년이 스멀거리고
굳게 닫힌 고향집 장독대 위로
햇볕이 마구 쏟아진다

야화, 퍼내도 끝없는 이야기
다시 피어나도 말 없는 들풀
곤두박질로 생의 굴레를 벗는다

이름 부를 때는 성까지 불러 주렴
들망초면 어떻고 야망초면 어떠냐
고샅 바람길 넋이 따라와
홀씨 곁에 그 뿌리를 묻는다

쑥대밭 굴하지 않고 어느 변방까지
희망 품고 소리 없는 그 야성
세월 앞에 지지 않을 이름 없는 별들

압록에서 곡성

평화 통일 물 건너 일통-화평 가련다

태안사 계곡물 따라 갈라서고
동리산 죽곡 빗방울 어깨를 내리친다
투둑투둑 길바닥에 튕기는 우레비
어느 편의 부메랑인가

쭉 뺀은 다리인 양 헐벗은 주목 나무
섬진강을 미처 건너지 못한 청설모
어서 건너가라고 외나무다리 된다

폭우에 떠내려온 나무 동강 방아깨비
빈 물레방앗간 찾아든다
계곡 바위 뒤 숨어 있는 산짐승 울음

이산 저산 천둥이 울고
뼛가루 갈아 은빛으로 튀는 물 밖에
쉬리, 싹을 좇아 오르내리는데

관매도觀梅島 장葬보고

나무화석은 도살되듯 토막 나고
공룡이나 굴렸을 해변의 초막만 한 꽁돌
바다에 내동댕이치면 끝장이다
볼만한 산이 있어 볼뫼가 관매도

선비의 유배길 풍랑에 관棺 매도,
수탈의 물류 창고였던 관官이 매도한 섬
폐교 운동장 잡초만 무성하다

세월 배, 풍파가 거품 물고 지나간 곳
우장 걷어내고 석면 지붕은 붉은 칠
군데군데 헛다리로 짚어 심은 매화
제 땅 아니라 갯바람에 염장이다
생명상 받은 해변의 파라솔 숲
뻘건 수의 걸치고 나뒹군다

백악기 거슬러 하늘다리에 올라서니
바다에 빠진 해는 서둘러 노을 되고
볼뫼도 별밤 바라보며 부르는 초혼 가곡

공모에서 응모

별똥별이 개구리 머리통 내리치자
맨땅에서 뒷다리 바르르 떤다
구급 물총새 찾아가야 했는데
가까운 별동대로 달려가더니
큰 별은 잔별 앞세워 개구리 다섯 사냥
그 뒤 올빼미도 땅거미도 눈감았다

와룡산 도롱뇽 잡으러 나섰다가
용龍이란 개구리만 돌아와 울었다
공작은 안갯속 시나리오만 날리던 나날
어미 개구리들은 경칩을 손꼽았는데
강산이 변해서야 하얀 개구리 나타났다

사격장 등불 밑이 그렇게도 어두웠던가
제 발 저려 선잠 깬 큰 별들
지금쯤 낙동강에서 오리알 줍는가
응모작은 소설, 픽션이 돼서는 안 된다
오슬로 강 거슬러 스톡홀름 오름에서
먹구름 속 대장별 낚아채야 한다

붉은 펜의 증후군

글은 송곳이 아니면 쓰지 말고
그림은 칼날 아니면 그리지 말아야 한다
닳아 무뎌진 펜촉
스스로 찌르며 녹슬어가는 글
녹슨 언어로 상처 덧나게 해선 안 된다

공중에서 맴도는 말들
숨은 볼펜 심 쥐어짜듯 토해낸다
모기 눈알 같은 저항에
구르며 토한 쥐눈이콩 글자들
눈이 빨개져도 조서는 끝나지 않는다

먹물 대신 핏물로 채운 붉은 리스트
갈기다가 피의 응고를 부른다
벗고 벗기고 추락 앞에 추잡한 꼴불견

생체 인식기가 키보드를 대역한다지만
말하지 않으면 스스로 시인하는 것
글 하나 죽어야 비로소 태어나는
말, 말

천지天池 세 갈래

머리가 있으니 꼬리는 어디인가
뿌리가 있으니 우듬지는 어딘가
도라지 캐다가 산삼을 움켜쥔다

하늘길 막히면 바다를 열기라도
땅길마저 막히면 땅굴은 비상구
양다리 성성한데 발길 끊어서야

갈라서더라도 세-겹설움 껴안고
아리랑 후렴구 사무친 울분에도
노여움 없이 흐르는 두 강 따라
우애롭게 둘레둘레 수월래-강강

정상들의 만주벌 꿈 사라졌는가
은하수 물길에도 별들 수놓으면
세상천지 상생의 꽃 피워야는데
이내 푸르게 새파랗게 빨갛게도

쌍방 밑불 작전

두 개가 한통속으로 빠지자
주변머리에 바람만 잦은 덫
마주치는 회색 비닐 포대다

찢어진 소갈머리 허풍선 만
무단 거래는 치사하지 만
잔반 처리 달러벌이라지 만
감춰진 꼼수 치졸하기 만
스스* 감시국 씽끗뻥 끗 만
모두가 만 만 만만디

비무장 하늘 넘나드는 얌체
동시 다발성 뇌관이 뜨겁다
남풍 북풍 띄울까 터뜨릴까
바닷속 그렇듯 땅속도 조심

휴전선에 뿌려진 발목 지뢰
지들끼리 자폭도 범죄 사실
잿빛의 뒷불 같은 의문 사

*스위스, 스웨덴 외 철수

역학의 궁합

사이가 좋다가 토라진 남동풍
자석은 달라붙기도 밀어내기도 하는데
누가 먼저인가 등돌린 북서풍

형제의 만남은 태풍이 아니다
쓰나미와 허리케인은 더욱 아니다
힘이 낀 맞바람 맞불은 더더욱 아니다

서로 다를 바 없는 둥근 포용력
이면에는 상극이 따로 없는 것을

핵발전 양극이 그러하듯
서로 다른 이념 끝에 긴장의 힘 풀어
물속에서 맞짱뜨기 해서는 안 된다

자력으로 돌며 생명의 육각수 얻듯
핵융합 어디까지나 하나로 가야 한다

식지 않은 염원

밤새 울었으리라
천안 독립기념관 그 마당은
황금빛 깃봉의 오방색 8백15 날갯짓
아우내장터 만세 소리 전한다

수키와 드림새에 매화꽃 눈뜰 때
하늘에서 바람새 땅에선 물새
눈물 젖은 치마저고리
꽃다운 한 마리 새
암막새 아래 서까래 연꽃으로 피웠다

불났던 기념관 지붕 끝 시치미떼는
족보 없는 치미, 어느 나라 망새인가

앉으면 주인인가
붉어지길 바라며 원탁을 노리는 자
제발 태극 방석 뭉개지 말라

죽일 넘들

홀로 독(獨)도 아닌 해 달 뜨는 터에
형제 흑고래와 백여 마리 돌고래 산다

동해에서 꽃게 잡겠다고
해를 등지니 검붉은 군함 아따까부네*
동도와 서도 틈새에서 거덜 내어
그들의 칠성판 울돌목에 수장하리라

게다짝으로 안주한 발
오징어 잡다가 문어에게 삳바 잡힐라
고래 사냥하다 딱총새우 수염 뽑힐라

고래는 바다거북을 부른다
밀물 때 91마리를 89개라고 떠벌리는
속셈은 누굴 위한 뺄셈인가
그럼 썰물 때 111개라고 말도 해야지

깃털 우릉도를 답납할 울등도라니
저들도 밥도 아닌 죽도라니 다깨지마*

*아타케부네(安宅船)   *다케시마(竹島)

우애로운 벚나무

벚꽃 피면 타잔이 나타날 줄
담양 금성산성 보국문 지키는
우리나라 제일 키 큰 문지기

담양호에 뿌리내려 목 축이고
성벽 훌쩍 넘어 구름을 탄다
충용문 올려보며 기지개 켜니
소맷자락 추월산에 나부낀다

칡넝쿨 올가미 쌍 벚 휘감자
동자암 황룡과 청룡 동자승이
쌍검 휘두르며 줄타기하다가
두 번째 머리 깎고 총 들었다

한 손엔 소총 쌍줄타기 얼씨구
산성에서 손잡고 총검술은커녕
곰 대신 무돌산 타잔을 부르리

세간 신문 가위질

언제부턴가 귀신도 모르게 총알 없는 평남 채협총
경북 천마총과 총구塚口 겨눴다
대동강변 물구덕 팔 때 보문호수 윈드서핑 하다가
표주박 쌍분을 파헤쳐서 여성은 금관 남성은 동관
_____ 골동품 목관을 세웠다

암캐 _____ 울담 넘다가 꼬리치여 동반 투숙
수캐 밝지만 한때 뽕 _____박쥐 만원 짜리 뺑
4대강 삽질로 물줄기 잇더니만 천안배 동강 나고
세월선 수장은 아 왕관이 가관이었다
땜일에 명백한 이는 쥐덫에서 풀리고
속수 무책의 박쥐는 형틀에서 풀렸다

땅굴 파서 핵 주워 담고 천마는 사드 날개 펼치자
天池에서 두 정상 그림 같은 손 잡았지
정은은 유은을 받들 때 리박박 야학이 부활이라면
백마표 사스가 메르스로 둔갑이 아닌가
러시아워 파리 목숨 6백 骨 우크라이나 땅굴 피묘
아 조선발 66시간 고스톱 트럼프 NO-벨상 물거품...

여왕과 땡벌

날기는커녕 가뭄 들면 진흙창 속으로
춥다 치면 옥방에서 족두리 없는 꼭두각시

얼음장에 숨구멍 터놓자 덜컥 걸리더니
허공을 빙 돌다가도 팔팔八趴 딱 걸렸지

王 자에 점 찍으면 主인이 玉방인데
밑창 없는 군홧발로 군번 없는 꼭두서방

어퍼컷 날리더니 굿바이든 아웃인가
용상에서 주술에 취해 개나발 개꿈 꿨던가
용꿈 꿨어야지 감방에 배 깔고 배 째라니
내란 성공했으면 폭염에 서릿발 솟았겠지

美꾸리 日제히 물천어 눈치들
물 찬 메기 앞세워 쌍끌이로 싹쓰리
아가리에 댓가지 꽂았어야
지금 가마솥이 부글부글 끓는다
팽형烹刑

작전 명령 XO

먹거리 전쟁의 비상벨 울린다
TK 가창에 상륙한 천 리 밖 떼거리
낙동강 벨트에 새털 차일구름 친다

노을이 내려앉자 팡파르 없는 열병
'슈투카' 에어쇼의 구미 벌은
AI 드론으로 종이비행기 전술이다

분열 노린 외신들의 소총과 기관총
시끄러운 '나팔기' 왜관 상은
탄알 없는 따따발 물총에 물대포다

금오산 포대경에 비친 분비물
조류 인플루엔자 전도사로 누명 쓴
가창오리 군무는 무리수 거위 가면

극초 미네랄 먼지의 주범도 공모도
질 계곡에 엄막 지는 흰머리독수리
외세의 오만함에 조총으로 겨눈다

무등산은 말한다

빛고을 물은 경양호 뫼는 태봉胎封산

일, 본다고 호수를 절반 메꾸더니
일, 한다고 점퍼에 메가네 박통은
태봉으로 반쪽 호수마저 완장 차고 메꿨다

황토 벌에서 오아시스 찾겠다는 똘끼 중흥
당골 단군 깃발 내려지고 치솟는 십자 목

박 테러아의 콘돔 술책으로 씨 말리기에
전 골통의 예비마저 총을 빼서 불알 까기

반백 년을 내다보지 못한 오늘의 다문화
미 친 일 아니고서야, 대신 무릎 꿇습니다
무등산 어머니 멀리 광덕廣德산 아버지께

재규어에 지철모른 용상의 후예 돌머리들
어처구니없는 맷돌이 멍때릴 때

중흥동 방죽 태자리에서 한강이 솟았다

푸른 기와집

놀부 집에도 제비가 산다는데
흙과 나무와 돌로 지은 나라 집이 그립다

하얀 성냥 곽에 들어선 용가리 통뼈
날아가는 모양새가 얼추 물 찬 제비
갓은 고사하고 두루마기는커녕 핫바지다

K팝 속의 저절로 아리랑은
물 건너 흰 독수리 집에서도 대접받았지
백두에서 손잡고 한라에서 손뼉 장단을
우리 옷에 어깨춤 잠시 거드렁 거릴지라도

한류 얼씨 절씨가 어때서
본디 제비는 흙집 짓고 배추벌레 잡아다가
새끼들 키우는데 물어오는 호박씨는커녕

도라지 도라산에서 도하지
道 아래 너물라고 신인께서 말씀하셨지만
제집도 못 지키더니 퇴출 퇴!

비무장은 없다

민통선 안 군데군데 원주민의 눈물 터
막사가 농막으로 도끼가 괭이로
위장망 없는 망향의 별장들

노루귀 철조망에 찢기어 갈라지고
절뚝이 멧돼지가 벙커 앞에서
지뢰에 발목 잘린 군화 짝 뒤집어쓴다

쉬리는 쉬지않고 임진강 오르내리는데
먹거리 찾아 이글-거리는 골빈 독수리
참수리 쫓아 햇살-깃발도 활개 친다

야만의 달러 물풍선에 눈먼 감시국은
방독면 탈 쓴 허수아비
땅거미 짙어지자 발끝이 저려온다

봄볕이 괴괴하다 가라앉은 두더지 땅
햇볕에 강산의 바람도 매섭기만 하다
우리는 K-쾌속으로 달려야 하는데

뎁데꼬깔*

서정이 가냘픈지라
서슬 퍼런 칼날 앞에 무릎 꿇었나요

서사가 약해서인지
던져준 미끼에 무릎 꿇어야 했나요

시정이 곱다고 얼굴 들고 낭송하는
어찌 곧은 자세만 배웠나요

시사가 두려워 고개 숙일 줄 모르는
춤추는 요정, 어째 부활만 꿈꾸나요

주인 따라 반성도 후회도 없는 문장

노 벨 소리

*적반하장의 방언(전남)

풀피리 조명발

대낮 식육점 간판에 네 개의 둥근 등
소의 위가 네 개라 그럴까

종일 빨강에 취한 주인은 색맹인지
붉은 조명등은 소 눈방울 대신한다

배합 사료 먹인 막창 앞의 육우
들풀 먹이다 멍에 걸어 낸 한우

우리 토종 GMO로 둔갑할 수소
컨테이너 안에 감춘 그 소일거리
물 건너 물 먹인 누린내 난 젖소
그 젖소부인들

한때 강냉이 가루로 풀칠해 주었지만
이젠 황금 들녘 주둔비로 맞짱 떠야 할

푸른 들판에서 소 등 타고 풀피리 불며
대등한 황금 분할을

지리산 영원사靈源寺

신의대가 조릿대 사각거리는 900고지
빈 지게 무거워 공양미 메고 이고 갔을

천왕봉 올려보는 인법당은 푸르고
새벽 예불 뒤 달맞이꽃 스피커는
염불이 산화되어 불꽃 피웠다고
산불이 절로 꺼졌다고 보고한다

큰북 울림에 속울음 벗어 놓고
범종 소리마다 무탈을 묻는다
구름판 소원은 물고기 입에 물고 난다

요사채 창고 앞에서 작두날 가는 보살
 -기와 불사하시지요
작두에 올라타나요
 -뭐 좀 자를 것이 있어서요

산불 혼령 잡기 또 다른 토벌 굿이라도

해맞이 퍼포먼스

날개 접고 내려앉은 정남진 바닷가
물결마저 검게 흔들리는 새벽
잿빛 두루미 마패 달고 해를 모신다

먹거리 싸움은 하늘도 비린 먹구름
제 땅에 갯지렁이 허물 벗고
갯벌도 녹진한 오염이 일렁인다

재두루미 두루마기 휘날리며
한 손엔 빨간 부채 펼치더니
갯고둥 쪼다가 피를 토한다

붉덩물 바다도 떠나야 하는데
퍼덕이다가 펄에 범벅이 된 옷자락
날개마저 양력을 잃는다

아침 햇살에 모닥불 이글거리지만
두루미 눈물 뒤 구음만 파도를 탄다

2
반영의 세월

민족은 화평 형제는 일통
은반 거울 앞에 선다
기껏 한 뼘 깊이와 넓이의 품이지만
힘껏 만나야

우유니 소금 사막 2024. 12 볼리비아에서

마음 속 미음

ㅁ으로 시작 ㅁ으로 끝나는 아름-다움
한 끗 차이 점 하나에 웃고 운다
맘 가는 대로 살아가는 몸
한줄기 배꼽 꽘이 웃는다

앞서가며 물러설 줄 모르는 나이
中心에서 일어나는 忠
고향 우물 井에 퐁당! 아니지

아침 부뚜막 정화수도 허기지다
앙가슴에 볼록거울 걸어둔다
그 꿈 식지 않고 꿈틀거리는 기로
관제탑은 어디에 있는가

소우주에 산신각 한 채 들어선다
본래의 자리 돌아갈 수 없는 상자 안
回甲에서 돌고 돈다
ㅣ
回

생일날 보릿국

봄기운이 주방에서 덜컥댄다
젖을 떼자, 할머니 손 비비시고
객지 떠돌며 주민증에 불과하던 나날

맞선 본 자리에 약속된 봇짐 하나
부모 앞에 생일 쇠면 불효라 했다

결혼 후 공달 8월생의 아내
딱 한 번의 날도 잊고 이젠 아흔둘 즘
돌비에 새겨둔다 한들

홀연히 받은 생일 밥상
웬 보릿국? -어제 시장 봐서 끓였어요
문득 보릿고개 어머니를 모셔 왔다

달이 바뀌고 웬 미역국?
-영탁이 생일이에요
요즘 영탁막설리에 푹 빠져 있는 아내
나는 여전히 보릿고개 넘고 있다

문명의 저편

행복지수 제로 밑도 끝도 없는 벼랑
오르고 말지 차마 내려다볼 수 없다

오로라 빛 하늘만 보고 닿은 오지랖
오르다가 해 저물면 부엉이 롯찌다

나의 주검을 찾지 말라
여기가 명당이자 천당이다
열 손가락으로 쓴 유서마다 부끄럽다

네팔 안나푸르나 골아빠니 낙원
내 눈에 만년 설화는 입 다문 뫼였다

열 손가락 없이 히말라야 14좌 완등*
내려오다 빙하 틈에 매달린 날갯짓
마지막 체온이 빚어낸 고드름 열 개

시리고 저리다 내 손가락 & 발가락

*故 김홍빈 대장

반영의 세월

강가에 로댕 조각상으로 쪼그린다

물에 비친 얼굴에 마음이 있을까
물속 구름과 조율하는 바람의 물결

그대는 나를 씻겨줄 수 있을까
어미 붕어가 물수제비만 띄운다

풍뎅이 아래 날아가는 새들의 그림자
서로의 눈빛이 다다를 때쯤이다

그대는 나를 잡아당길 수 있을까
내 손 내미니 그대도 따라 내미는 손

순간 아버지 나를 부른다
멀리 합배미 논에서 내미는 일손

휙 돌아선 발길에 지금 내가 있다

원셔 문ㅎ학관

먼 서쪽, 애련 분교 폐교에 들어서면
훈민정음 살아 있어도
거북선은 바다로 떠났는지
반공 어린이 동상은 승복하지 않는지
없다
교정에 징 누가 울리는가
탁 다섯 번
하늘에 노을 훈장님 울리시는지
산새들만 짝짝 줄지어 있다

앞동산 350 수령 할부지 팔에 줄렁 그네
실바람과 남실바람이 타고
몽당 의자 앞에 여치와 풀무치 춤을 춘다

무등골에서 날아간 어깨동무 베짱이들
잔디 구장 정원에 동동 술
탁 한 번, 술 한 잔 못 올린 채
퇴고 못 한 원고
이젠 멀리서 징 소리 받아 적는다

할머니의 미사

빈 상자라도 실을수록 가볍다
저울대 앞의 덧셈과 뺄셈

탄력받은 손수레 속도를 더 하고
덜거덕 소리 줄어든다

오뉴월 우박이 내려도
비에 씻긴 모래 반짝 촉 틔운다

생의 수레바퀴는 외상이 없다
오르막 느릴지라도
내리막길 재촉해도
내일 내 일을 당겨 쓰지 않는다

-손수레가 나를 끄네
소리는 다른 궤적을 찾는다
멀리서 칠성판 기다리고 있는가

한겨레 멋 하나로 맛

우주도 색으로 빛을 뿜으니 오로라
중심에서 동서남북 방으로 오방입니다

노란 깃봉에 다섯 색깔 펄럭입니다

설빔으로 고까옷 때때로 입고
북두칠성이 빚은 무지개떡
색동으로 활옷 차려 꽃가마 탔지요

흰 떡국에 당근, 계란채, 대파, 김가루
몸이 오방색으로 물들면
오장과 하나 됩니다

꽃상여 뒤에 오색 만장이 뒤따릅니다
웬 일
백설기에 피자 깃발의 독수리 패거리

스무고개 두 다리

내가 의자에 앉으면 다리 여섯 개
공 수고냐 생 수고냐

네 개의 다리가 받치고
나는 의자 위에 양반다리

너의 다리가 언젠가 바퀴 달고
멈추면 함께 다비식 될까

살아온 나의 다리를 다시 세어 본다
아장아장 걸을 때 잡아준 두 손

오지에서 부상으로 부목이 다리 되고
산에서 지팡이 강에서는 오리발

내가 걷지 못할 때
전동 의자차도 멈추면 밀어줄 두 발
누굴까

별천지 농막

산비탈 움막을 이층 농막 확장할 때
퇴임한 윤 신부 그레고리는 대지의 무법자

보리수나무 사다리로 오를까
피보나치 황금률로 달팽이 사다리 내려갈까

불가능한 곳을 내딛는 다리
입양한 꼬마들에게 모험의 길을 내며
놓아야 할까 말아야 할까
영국서 받은 박사론에 무위자연이 흔들린다

사다리보다 팔다리가 우선이건만
비탈길에 그네 타는 타잔 법도 터득할 텐데
스스로 제 갈 길에 사다리 놓고 말았다

막사가 지어지면 서까래 끝에 연꽃 그리고
처마 끝에 풍경도 달아 줘야 하는데
묵은 정자 옮기는 수염 난 박사 목수
마구간이 소목장이냐 원두막이 대목장이냐

투명 인간 되어

무등산 반야봉을 지나가는 길
어머니가 등물해 주듯 빗줄기 속
한나절 목물하고 있다

원효사 골짝 석굴을 들여다보니
벽에 어룽진 어머니 두 손
타고 내리는 빗물이 눈물이냐

수신대 튀어 오른 주먹 돌 하나
청개구리가 두꺼비 된 양
무릎 꿇어 큰절하고 가부좌 튼다

눈앞에 떠도는 비구름 속 우레
하늘을 찢는다
속내를 비우니 반석이 구름 방석

연화대 위에 피어오르는 향도香道
어머니 기도가 닿은 화음
구름 걷힌 범종각에 울려 퍼진다

못다 한 숙제

꽃피우는 일 왜 미뭇대는가
해를 보낼 때마다 나이들어 터지는 말수
꽃밭 찾아 업고 가야 하나

상수리 벼랑에 굴러 도토리 될까
땡 잎이 졸지에 졸참보다도
젖떼기 젖니에 뼈아픈 굴참
철모른 신발 뒤바꿔 신을지라도
짚신 깔개 잎으로 신갈나무 샘도 나더라

호로서기가 고립의 성장점 키운 듯
애잔한 모성 떨쳐 못하는 감태나무
가는 세월이나 애면글면 잡아맬까나

칼바람에 겨울나기 입 가시 속 하소연
아가, 시집이라도 읽어라
시끄럽게 바스락대면 갈 참인가
나는 떨쳐 참나무로 수라상이나 만들까

허난설헌 공원

한눈팔지 않은 금강송
붉은 몸피에서 배어 나오는 정령
그 누구를 품고 있는가

늘어뜨린 솔가지 눈빛 인사 나누니
몇백 년 절기로 당도한 바람이
비단결 솔향으로 온몸 휘감는다

인동초 덩굴의 흐느적거리는 초서체
세월의 담장을 허물고
춤추는 글월은 하늘이 독자다

새들의 지저귐을 박수갈채 삼아
그녀가 꿈길 가로질러 걸어온다

하늘 향해 피어오른 스물일곱 우듬지
열매 익어가는 푸른 솔방울
붉게 활짝 핀 솔꽃 한 송이

죽녹원 그리다

겨우 한 달 지난 나이테 하나로
전생을 훔치는 새파란 손주
깨 벗고 밥상 앞에 맹종하지

솟은 땅줄기 햇볕에 고개 숙여
여인들 가방 손잡이로 잡히지
대대로 맞서지 않는 가문
왕대 이으려 내주는 자리

키 크고 속 빈 대, 담 너머 기웃
울 밑 헤집고 구들장 밑도 뚫는다

비우며 곧게 선 푸른 뼈의 인연
폭설에 터지는 죽-폭 소리
댓잎에 내린 눈 쑥대머리 상이지

하늘을 찌른들 바람 지나가면
노을에 젖어드는 대금 소리

갯고둥 전언

서로 의지하며 탑 쌓는 일
고둥들은 갯물이 빠지자
햇볕에 염장이 두려워 부둥켜안는다

썰물의 이야기 다 듣지 못해
돌탑의 소망인 양 고둥들
탑을 쌓는다

밀물이 쓸어버리기 전
한 줌 갯고둥의 이야기 엿듣는다
시퍼런 피리 소리에 바닷속을

썰물에 탑은 부도를 내고
서로의 속내 내비치지 않고
역피라미드 부도탑을 쌓는다

부딪치며 깨지는 모래성만이 아닌
지민치 명석이 된 고둥 와탑
갯벌에 스며든 눈물 자국
저편에서도 귀는 바다를 향한다

와온 24시

와, 온달이 바다를 물고 가자
속살 드러낸 갯벌은 거품 내뿜으며
소 되새김질한다
갯바람이 수일래-수월래 불어오자
여물죽의 갯-내음
소 울음 기상나팔이 새벽을 연다

와와, 발자국 따라 소 찾아 나선다
앞서 수소 시인이 갯벌에 던진 돌직구
펄에 수제비처럼 퍼져나가
아침의 전설을 나누고
벌거벗은 갯벌이 종일 햇볕 즐기자
뒤에서 암소 시인 지는 해를 거둬간다

와와 와, 온달이 다시 차오르자
소 눈처럼 불 밝힌 가로등 아래
질척이는 붉은 살갗 무두질하는 실루엣
쏜살같은 전조등 별난 밤을 스쳐 간다
북적대며 두들기는 북소리
나는 소 등에 올라 펄-평선 바라본다

〈˙ ˙〉
안개, 밖 거꾸로 본다
황혼의 문턱에서 머문 자리
세월의 나이테 잊고 살았다
쇼윈도 비친 모습만 보고 활개 치며

젊다 하니 젊은 줄만 알고 살았는데
듣기 좋아한 소리
내 눈의 녹 안개 걷어 내고
거울 보니 얼굴에 주름이 자글자글
낡았다

여수 앞바다 눈이 오지 않는다는
청전마을 안도,
구름 위쪽 해 떠오르자
안도하는 환한 가족 얼굴

좋고도 안 좋은 수술

개안開眼

손끝 발끝

사십여 년 무사안일한 강당
교수형 면한 발목은
끝까지 별을 달고 돌아왔다

아내의 안도하는 눈길에
포옹은커녕 악수조차 어색하다

꿈 꿈틀댈 수도 없는 세상
늦잠 깨어나 보니 뜻밖의 감촉

뻘밭에 빠진 양
수면양말 신겨 주었더니
잠결에 발길질이란다

갈비뼈 하나쯤
별빛처럼 접붙이면 어떠냐고
나는 수면안대를 걸어주었다

하나 된다는 건

축령산 편백 숲 양떼구름 쉬듯
아기곰들이 뭉텅뭉텅 겨울잠이다

눈길에 끊긴 발자국 찾아
뽀드득뽀드득 시 몇 줄 주워 담고

다시 나타난 노루 발자국의 꽃
노루와 뒹굴다 한 사날 잠들고 싶다

폴짝폴짝 뒤따르던 강아지도
내 신발 자국 안에다 매화꽃 피운다

숲을 품은 곰이 잠에서 깬 듯
뽀얀 이불솜이 얼굴 덮치고
입마개가 축축해진다

한순간 눈사람이 된다는 건
한 쉼표가 마침표 위에 꽂히는 일

양平 용門사 행자木

옆에서 봐야 기둥 하나인 일주문
노란 잎 소원지 줄지어 매달리고
천 년을 훌쩍 우람한 중년의 9등신

땅심이 산 아래 500년 키우고도
산이 하늘로 5백 년 키웠다면
앞으로 한오백년은 입심이 키워낼까
노령에도 불구하고 다닥다닥 품
오래된 향기로 황금 염주 알 깐다

목마름 홀로서기 끝에 '이 또한'
명당, 42m보다 더 높은 피뢰침
은행나무 앞에 일주문 완성인가

노거수에 업보를 씌운 까닭이라면
대웅전 부처님이 내려다보시거늘
염주 목걸이 꿰다가 쏟아진다고
수리수리 은행알에 취해 있는 중

옥루흔* 屋漏痕
-고시촌

틈새 뚫고 안벽을 흘러내리는 빗방울
하늘 끝에서 찾아온 시간과 거리를
겁이란 눈금으로 잴 수는 없다
막바지 얼마 안 남기고
바닥에 추락하기를
머뭇거리기를

이슬로 사라지기 전
눈물점 거부라도 한 듯 서성인다

수도자의 자세로 지울 수 없는
*낡은 벽의 한 가닥 물줄기 흔적
바닥에 튕겨 한 폭의 난초가 되고
고독한 향기는 우담바라 되리라

흩날린 붓 자락과 춤사위의 행초서
고궁 벽화 속 연꽃이 피어나듯
잉어 수염이 석 자였으면...
속보! 장원이다

트라이앵글 운다

왕비의 자궁은 그렇게 컸나보다
알람브라 궁전의 사이프러스 거목
수갑 찬 채 우뚝!
아직껏 맴도는 매미미 귀뚜라진다

근위병의 밀애는 방패 없는 병정놀이
플라밍고의 발굽과 손뼉은 뜨거웠으리라
궁궐의 갑질은 도끼질이었으리라
뿌리 잘리고 가지마저 성냥 꼬투리 불살랐을

지금껏 잔디밭에 뿌리내린 검붉은 장미 입술
시에라 네바다 만년설 녹아내려
분수 무지개 피운 저문 불바다 하늘이 운다

궁전 기둥 뒤로하고 저마다 눌러대는 셔터
폰카 불빛 꽃입술에 더해 대장간 불꽃이다
뿜어대는 컬러 요법은 억만 송이 화소
그대들의 자궁은 얼마나 큰지
나는 셀카-봉! 삼각대 우두커니 서 있다

목포의 소야곡
-옥장玉匠 장주원

톱 연주하듯 큰아들 고수 명문 교수다
작은아들 허구한 나날 삼학도 내려보며
해금인 양 활비비질이다

짝짝이 옥반지 끼고 히죽히죽
삼 대를 잇는다는 손주 녀석 옆에 끼고
가는허리 장구 다루듯 손물레 앞에
됫병 물 마셔가며 트럼펫 불어 응원이라도
장인은 노령의 호흡을 조절한다

젊은 한때 한양 밤무대 꽃길 인생
금은방 아들의 출세 가도는 그렇다 치고
작업 삼매는 용의 실체를 보고 듣다가
본의 아닌 옥장은 옥살이라니

미치지 않고서야 돌이 보석 되었겠는가
돌 파먹는 벌레가 세상천지에 있을까만
먼 뱃고동에서도 진하게 묻어난다

숨 고르기 도약

구름이 한 줌 걸러 뿌리는 가랑비
근린공원 두꺼비 결가부좌 틀다가
엉거주춤 오체투지다

가로등 불빛에 놀란 눈방울
두꺼비는 팔자걸음 하다 펄떡 뛴다

나도 따라 뛴다
한 계단 주춤 두 계단 도약하다가
쭈욱 쭉 펴며 3단뛰기 도전이다
묵은 녹 벗겨내며 용수철 튕기듯

지난날 안나푸르나 천상의 계단 위
날개 달았던 기억 여실한데
여생은 19층 스위트 홈 안착
나만의 보행선이다

층층마다 센서 등이 안부를 묻는다

내 안의 주인 것을

전주 아침놀 내려앉은 고백 예배당
한옥 기와는커녕 구들장 위 방석들
자궁 같은 아궁이 강단에 징 울린다

사형 터에서 얻은 나뭇가지 十자가
동학의 철가시로 엮은 대나무 덧셈

나지막한 천장 가운데 여닫이문 하나
열기보다 닫을 마음 먼저 떠오르자
사심을 비워 두고 문고리 줄 당긴다

세상 밝아지는 천당 문
내 안에 기쁜 눈물로 바람의 꽃으로
맨바닥 앉아 계신 것을

내가 우주의 소리를 들을 수 있듯이
나 또한 하늘이 들릴 수 있도록 아-
- 내 안의 소우주 참주인 이기를 -멘

머릿결에 싣다

흰 실타래 손질하는 구두쇠
계약 없는 1인 전속 기사
파 뿌리 삼아 물 실어 나르는 작은 배
하얀 물결 가르며 기약 없는 노 젓는다

바닥에 앉아 무릎과 무릎 사이 낀 마누라
고개 숙인 쑥대머리 잡힌 순간 순종이다
손놀림에 파무침은 아니지만

칠순 되어도 서로의 영역만 넓혀 가는데
부인할 수 없는 백발
나뭇결 따라 대패로 다듬어 칠 칠하던 손
제 머리 못 깎아도 짜장 발 물들이기

젓가락질 노련미는 장구채 장단에
상쇠 상모돌리기도 아닌 그 무엇
금수저 금슬이라면 좋겠다

3
허깨비 보호색

풀 먹은 소 젖소 부인 i
물 먹인 소 불고기인가
산에 불이 산다
불이 바다를 덥히자 고래고래 핵핵-거린다

해맞이 비손

수상한 시절 역병이 발목 잡을수록
산신제도 올려야 한다
산지네 같은 문어발 제물 하나
악어 힘으로 씹어 삼키니
흡반이 꿈틀 바닷속으로 들어간다

몸통은 만선의 바람
바다거북 되어 어슬어슬 산 오르니
등 위에 악어새 한 마리
알을 품는다

그때 신령스러운 문어 긴 다리는
산허리 휘감아 채니
황소만 한 호랑이가 물장구치자
문어발은 천손이 되어
태평양의 불새 둥지를 끌어 올린다

다육이 다문화

뜨거운 암반에 고슴도치 같은 새끼
떡갈잎으로 싸 가슴에 품고 돌아왔다

웬 입양아 같은 미물에 식솔은
호들갑
잠들자, 화분에 옮겨 물 뿌리니
화들짝

바늘구멍 빠져나오는 작은노랑개미 떼
바위솔 이불 삼아 살아오다
생을 도굴당한 떼거리
손끝에 뭉개져 먼지가 된다

작은 것 하나 품으려던 마음도
되레 너 나 할 것 없이 가슴 짓누른다

별천지에서 온실로 들려온 다 가족
내가 온돌 되어주면 꽃 필까
베란다 햇볕 자리에 정중히 모시지만

고내다

수염 하나로 왕의 반지 힘 되었을까
바람의 폭군 뒤에
삼지구엽초가 있고
못 먹을 게 없다는 뿔난 염소
암벽 타고 올라 하늘 보고 비웃는다

개똥도 약이 되던 시절
흑염소 좋다고 흰 염소 사라지니
흰 털 수입하여 붓을 만든다

고양이 밑 딱지가 사향이라고
흑염소로 힘이 솟으면
천 년 묵은 기왓장 고아 마시지
그도 아니면 내 불알을 까지

녹차 달여서 고뿔차 우려내기는커녕
원숭이 똥 고아 누린내 마시는
쌍코피 터질 지경

무식이 용감한 트렌드

"차 뒤로대지마라요
채수가 까스 먹고 주거요"

고쟁이 까발려도 속속곳 입고
가마 요강 속 오동잎은 소리 한번 안 냈다

언제부턴가 쌍 고동 소음기
뒤를 까발려 방귀 뀌고 튄다
어디서 굴러먹은 가당찮은 개나발 소리

명품 차 추세 앞세워 쌍나팔 울리며
노린내 머플러가 살걸레 된 세상

뻥튀기기도 아닌 마후라 통 터지는 소리
젊은이들 얼척없이 요란하다

아무렴, 하루살이도 낯짝이 있는데
뒤통수가 있으믄 부끄러움도 좀 알아야제

바람 속 바람

잠을 삼킨 열대야 기상나팔 취침이다
인간의 잔꾀는 하늘 호루라기에도
지구촌 안전띠마저 풀어버린다

선풍기 가열되자 열탕에선 아 시원하다
원자력은 바다를 끓이고
갈라진 유빙에 고래 숨구멍 막히고
온풍기는 펭귄의 울음 토해낸다

찌는 폭군의 지구 반란을 멈추어다오
저속 버튼의 간절한 바람조차
맞불은 아니기에 전원 코드마저 뽑는다

소우주의 기도는 소행성이 멈추기 전
순조로운 항해의 바람직한 바람이다

삼베옷 걸치고 죽부인에 부채질
마음 소등 하나로 나를 깨우쳐 살린다

허깨비 보호색

산 텃밭 허수아비가 고개 떨구자
도깨비 괴성 지르는 알람 독수리
긴 날개로 바람을 휘젓는다

익을 열매 기다리며 비웃는 까치
가시 돋친 나뭇가지는
붉은 열매 시퍼렇게 익히고 있다

곧 까치에게 굴욕당할 농장 주인
붉은 대추가 블루베리 보고 헛웃음 친다

블루색 어디서 불려 왔는가
우듬지라도 붉게 익으면 나눔 잔치할걸

우포늪 울음

포-구 아닌 네 개의 벌판
모세 기적은 둑이 독 되어 몰락한 판에
나무숲으로 풀이 풀죽어 가니
괴성만 울리던 소-벌

소 위가 네 개여서만이 아닌
구유를 만들어 버린 별들의 힘 발
준수한 소장 중후한 대장 끗발이 망 쳤다

소 목덜미의 황소개구리 수달에 쫓겨나고
둑 위에 부풀어 오른 뻘기가 거세지자
포대경 속 달맞이꽃 향기도 사라진다

전망대에서 내려다본 우포의 그늘
수양버들 꽃가루가 눈처럼 덮이고
버들가지 간지럼에 가물치 튀어 오른다
늪 속 허우적거리는 소의 눈물
그들의 과녁에 화살은 빗나가기만

긴 폭우가 시작된다

울음으로 세를 과시하던 개구리
뱀의 그림자에 몸살이
가시 돋친 두꺼비로 변신한다
뱀도 뒤질세라 악어가 되고

두꺼비 몸 부풀려 황소개구리 울음
수달 앞에 메아리도 사라진다
청개구리 날개 달자 도마뱀 공룡은
긴 목으로 날으는 공룡새 낚아챈다

비 한 방울 떨어지기 전
천둥번개는 불바다 일으키고
찌는 불볕더위에 주검이 쌓인다
일억 이천만 년 전
쥐라기 공포가 뒤집어 몰려온다
역병이 핵분열하듯 퍼질 듯
문명은 재앙을 또 몰고 올 뿐이다

슈일없는* 숨은 일꾼

땅地 갈之
손도 발도 없지
삽과 괭이는 더 없지

작업복 한 벌 없이 빨가벗지
호미와 쇠스랑에 상처를 껴안지

맨땅의 헤엄은 무엄한 무덤 속이었지
궂은 악취에는 어김없이 시달려야 하지
짓밟힌 대로 햇볕에 말라 타 죽기도 했지

그늘에 일하며 노지를 기름지게 한 일꾼이지
낚싯밥은 새참에서 밤참까지 원정 나갔었지

노임 노조 없다 하면 휴일도 없는 거지
그들에게 숟가락조차 베풀지 못하지
뒤로 기어가고 늘려 빠져나가지

도시락 반찬 반주도 없지
맵고 짠 잔반뿐이지
멈춰야 할 대지
지렁이 터지
터 지址.

＊허물없다. 옛말

천○지□인△

둥근 섬 축으로 돌아 썩지 않은 물

가물치가 버들가지 그네 타면
네모난 연못에 낚싯대 담갔지

물 위에 덱 길 내자 발밑은
가시연잎 바늘방석이 된다

뱀 똬리 틀던 무인도의 쉼표
잘린 버드나무 밑동은 마침표

물고기들은 제 길 찾지 못하고
멈춘 물속에 발버둥 친다

하늘땅 섬기신 어버이 제삿날
물병에 숨죽인 물로 지어 올린 진지
잘 드시겠지요

소나무 궤적을 따라서

송충이가 솔잎을 벌초할 때
송피 벗겨 송기떡과 송기죽이 허기 달랬지

급기야 송진까지 뱅기 기름으로 쓰다가
그들은 덴뿌라 튀겨 먹었다지

소반 만드시던 소목장 아버지
미농지 같은 대팻밥 쏟아지면
갖은양념으로 어머니의 대팻밥나물

새참 모반에 눈물 자국 옹이가 삐죽인다
솔뿌리 송이버섯 내주고 질긴 끈 되었지

솔잎 한 잔 술에 솔밭 거닐면
노을빛이 물든 솔가지가 파르르 떤다

재선충 어찌 물 건너 푸른 솔이 밥 되었나
솔방울이 산불 옮긴 공범이라
물 찬 뱅기가 물 뿌리며 날아올 참인가

와송臥松 와선臥禪

선암사 큰 곰 집 아래 멍에 두른 소
코뚜레가 땅에 닿을 듯
쟁기 부리 박고 용쓰고 있다

지난날 큰바람에 뿌리째 넘어진 솔
엎드린 채 땅을 붙잡고 있다
솔가지 채찍 휘날리는 바람결에
그저 고요히 그림자만 품고 있다

쉼은 있는 듯 없는 듯
들릴 듯 말 듯 솔방울 워낭
소갈머리로 조잘대는 뱁새 한 마리
소 등에서 휘파람만 불어 댄다

와 와
세상이 등을 떠미는데 왜 이리도
재촉하는가
소는 묵묵히 누워서 되새김질한다

영산포 팽 어르신

홍어 한 접시에 상큼한 거리
거나하게 한 잔 뒤 둑길을 걷는다
이백오십 해 묵은 팽 木
상투도 수염도 잘린 채
양 지팡이 짚고 숨 고르기도 버겁다

광폭 폰카에도 밀려난 우듬지
살아온 빛의 무게 이기지 못한 채
곰삭은 밑동 애달프다가 개잖다
고려장을 거부한 부목의 버팀목
비손만으로 묵혀야 할 시간이 많지 않다

태풍에 순신 원두막 볕볕에 순이 파라솔
양팔 그네 매달아 손주 돌보미 팽나무
뇌성도 비켜 간 영산나루 비보풍수다
황혼 블루스에 젖어든 노을
고목 줄기차게 씻김, 넉살이라도

봄바람에 취하다

어몽룡의 거스름돈 없는 월매화月梅貨
삼합 깻잎쌈에 토하젓 맛을 더한다
배 불린 하루가 노을에 저물고
영산포 둑방 아래 노를 젓는다

백매 홍매 어우러진 맛마을 멋나루
때아닌 눈발에 주춤한 청매 다섯 꽃잎
날씨 풀리자 우듬지에 활짝 여섯 꽃잎
청개구리 놀라고
눈 속에 움츠린 황매 속눈썹만 휘날려도
매향의 눈물 영산강에 넘친다

시샘하는 살구 꽃망울
사붓하게 다가오는 벚꽃 세례
잔잔한 물결에도 나룻배 출렁인다
사임당 매화 꽃잎은 별꽃으로 흐르는가
미스트롯 봄날을 건져 올린다

수목요양원

해마다 문안드린 백세 수묵 한 폭
몰골사나워도 꽃이 핀 계당매溪堂梅

계곡 따라 달리는 차 창밖
밑동이 잘린 매화 한 그루
땅바닥에 통째로 누워 있다
길섶에 차 세워 골짝을 뒤졌지만
흔적 없이 사라진 백발의 나무
그건 환시였다

-수목요양원으로 모셨다네
오백 년은 더 살으라고...
쥔장의 말 귓가를 떠나지 않는다
이듬해 꽃 피웠다는 소문만 돌고
상봉 날은 언제쯤일까
지팡이 짚은 소록도 수양매도
태풍 매미가 울어대며 모셔갔지만

내 영종슈終 사진 먼저 찍어둬야 할

애월의 숨바꼭질

그대, 나를 보고 외로워한 적 있습니까

깊어지는 별밤 물메오름에 올라서면은
침향처럼 피어오르는 추사의 수묵 난

온달이 눈썹달로 기울기를 반복해도
저울에 달아도 변치 않는 눈금 추

백록담 구름 속에 풍덩 빠진 달
수산봉 연못에 떠오르는 얼굴

화선지 밖으로 날아오른
영실에 닿은 난 줄기
홀로 임 마중이다
보름날 밤
애원 길
뚝!
저녁마다 울어 지친 개구리
허공에 눈 감고 참선합니다

나를 보고 그리워한 적 있습니까, 그대

도가도 비상도

감탄사는 모양도 향기도 아닌
드러나지 않는 미소

감꽃 막 떨어진 젖떼기 배꼽
땡감은 뭐고
미운 일곱에 립스틱 석류 꽃봉오리
쫙 벌어져야
모과꽃 불그레 열아홉 순정의 젖꼭지
다가올 주먹
볼기 사이 감춘 듯 꼭지 살 은행꽃
내음에 에취

열매의 촉은 은밀한 기도
작은 꽃에도 도와 덕이 있으니
봄은 보는 것이 아닌 숨은 것
알게 모르게 다가와 피어오르는 임

없이 계시는 앵두

우물가 앵두입술 떠난 지 오래

앵두 따 먹고 뱉은 씨 하나
우물 속에 흘러들었다

빨갛게 물든 우물물

물동이 이고 가려고
동동 바가지 띄워도 넘치던 그 물
입에 문 똬리 줄 타고 흘러내리면
앵두입술 짙게 물들었지

앵두 누나 지금도 그 씨 기억할까
앵두나무 까치 해마다 찾아오는데

면사포 그물 둘러씌운 앵두나무
까치가 물어오던 앵두 소식마저
뚝
동네 밖에 한그루 더 심어야겠다

승천 보 행선

색연필로 자유를 스케치하는 날
자전거 전용 도로 벗어나
강물 따라 촉촉한 덱 길 걷는다

원두막에 걸터앉자
달구지 뒤로하고 소등에 올라탄 기분으로
무등산 바라보며 풀피리 불다가 그만

뽈각뽈각 암소 개구리의 구애다
순간 수컷 두꺼비가 올라탄다
울컥 소낙비가 쏟아질 듯
세상이 잠시 멈출 듯
고요를 깨뜨릴 듯
찰나 꽃뱀이다
꼴 꼴까닥
깜짝!
꿈

잠깐 졸음 속에서 나홀로 그만 풍덩!

참 그리고 새

꼬마 기와지붕 뼈대 곧게
갯벌 마을 박혀 살다 뭇 손에
거품 머금고 장 서는 날까지 참았지

시장통 실랑이 속 오르내리던 덤
녹녹하게 입 열어 주지 않았지
냄비 속 다문 입 열릴 즈음
탱탱한 속살에 침 흘린
한때는 진주 값 챙기며 밤샘했지

개펄 밖 물막이로 물길 돌리자
태풍 파도에 쓸려가고
오염수에 사라져가는 뻘밭 밤톨
물 건너온 꼬마-악 안방 차지라니

고막 초가지붕 어때서
참-꼬막 아닌 새-꼬막이라도
제사상에 고봉이면 되는걸

내려앉은 별꽃

중외공원 무지개다리 타는 순간
바람 향기가 발길 잡으며
뼛속에 닿아서 밤 그늘도 걷힌다

입술 간지럽히는 벌처럼
유혹을 내미는 별꽃들의 반란
콧등에도 날개 부채질 속 금목서

머리에 내려앉은 별빛 찰나
입술에 닿는 향기
은하 그물의 치어 떼 폭죽이다

은은하게 코끝에 와닿는 은목서
가슴을 뚫는 폭탄 세례
숲속에 내뱉은 입김 은하수 된다

향이 향수 어찌 품을 수 있으랴
벌의 혀끝이 꽃술을 핥듯
숨 가쁜 호흡에 숨죽이는 황홀경

美운 꽃

평생 종 치는 종지기
늘 고개 들고 삽니다

주교님은
자주 고개 숙이시잖아요
해바라기처럼요
미운 꽃도 있나요?
예쁜 꽃은 뒤도 예쁘지요

오늘은 종이 설교 하시오

네
세상에서 가장 아름다운 꽃은
보살피는 뒤바라기
우주의 꽃이라고 합니다

고창 소요사에서

천 년 묵은 당산나무 아래 번개 모임
멀어도 길지 않은 소풍 길
겨드랑이에 날개 달고
범-종각 청설모가 오르면
벼랑을 구름양 떼처럼 뒤따른다

범종에 둘러앉은 도-팔이들
당목으로 세 번 가볍게 치고
묵시적 눈빛으로 정좌한다
종은 내 이마에 부딪쳐 시작을 알리고
먼저 차 한 잔 올린다
나비 한 마리 달라붙어 종소리 핥는다

나는 나비에게 눈을 떼지 않고
찰나, 커다란 회전반 위에 앉아
빙 돌며 법당 풍경을 올려다본다
왈칵 불-나비 떼 날아들고
바람조차 비운 공명이 메아리로 퍼진다

울고 넘는 삽질

땀에 얼룩져 부러진 삽자루
쥔 떠난 농막에서 우두커니 마주한다

눈 오면 썰매 탔던 전천후 오삽
막삽에 껑충껑충 두 삽으로 종종걸음

내 땅 네 땅 사이 한 뼘의 땅따먹기
보리밭 북돋우며 수없는 쉼표 날렸지
각삽에 묻은 흙탕 풀밭에 닦았지

인생 마침표 찍을 뗏장 뜰 가래삽
엿장수 아닌, 어디론가 삽질 당했다

떠나야 할 곳이 땅속만이 아닌 것을
수박 구덩이 깊이를 가늠했던 자
이젠 박물관에 수장된 주름진 얼굴뿐

화장장, 한 삽 흙 팔 일도 없을 테다
그래도 꽃삽 하나 챙기련다

비화 한계령 비화

산 자 돌비 되어 우두커니 서성인다
도깨비 축지법에 산마루 숨죽이고
바람조차 타버린 지독한 적막

살아 백년솔 죽어 천년송으로 대들보
너와 지붕 받든 금강송 하늘 받들고
징 짖어 대고 쇠가죽 울어 대면
생명의 부싯돌로 촛불 댕긴다

소목장 톱 연주에 대장장이 도끼질에
떠나간 날갯짓 부르니 찾아온 듯
신령스러운 춤사위 타오른다

녹음으로 부활하려는 처절한 몸부림
향촉의 눈물이 하늘로 치솟아
제 어미를 떠받는 촉들
콩나물시루 적신 듯
잿더미 속에서

꿈틀거리는 저 기막힌 땅심 이시어
죽은 도깨비가 네발짐승이더냐
불 도깨비 날개 달았더냐

4
오구烏口 조감도

도래미시 파솔파 미래도시
골목길이 사라졌다
내일을 차용 말라 흰머리 콘도르 13일을 알까
하나 없어지는 건 순간이다

페루, 꼴까 캐넌에서 2024.12

세 겹 속살

야밤 골짜기 사냥은 더듬거렸다
가시덤불에 불그레한 속곳
한 겹 벗겨 속속 곳 걷어내면
혀끝에 비린 향 먼저 달라붙는다

하얀 속살 비추면 씹기도 전에
군침이 감돌고 어금니로 깨물면
속절없이 침 흘리며 부서지는 생밤

밤참을 떠나서 밤골 밤거리
밤꽃 추억에 취해 밤이슬에 젖는다
알밤 구우며 구수한 군밤 타령

작은 것들이 수라상에 오른 까닭은
겹겹 중무장한 속속 알배기
호두알 은행알 밤톨이 그것
밤마실 늦바람에 혀 내두른다

피할 수 없는 동승자

휘파람 타는 주말
세 여자 간섭받지만 신나는 발
신간이 편안해지는 기도문 같은
종잡을 수 없는 걸음 앞서기만

일찍 들어오세요
문안부터 앉으나 서나 쪽박 타령
벨트 착용하세요
문밖 취중에 전속 여성 대리기사
학교 앞 늦게 입양한 딸
얌전 법규 준수해 주기 빠랍니다

졸음 귀신 쫓는 수호천사는 없다
곳곳 따라붙는 특별 채용한 비서
조막만 한 외눈박이 덫
꼼짝없는 내 손아귀의 검은 상자

지금껏 무탈하기에 고맙지만
언젠가는 배신의 고자질 무섭다

붉은 찔레꽃 연정

꺾어 홀랑 벗겨 먹고 시집간 누이
먼발치 상엿소리 들릴까
풋향기 풋내음에 진딧물만 모입니다

애련타 못한 이파리들
밤바람에 파르르 떨고
풀무치만 찌르찌르 울어 댑니다

강남 제비 따라 호박씨는커녕
하얀 꽃잎 붉어지도록
노란 암 수술 까맣게 타들고
연붉은 꽃잎도 화사사 날립니다

세월 훨 날아 서른쯤
내게 가시 돋친 장미가 되었답니다

열아홉 순정파

      통으로 핀 꽃   꽃 이미자 송
    시들지 않는 꽃   꽃 노래 부르는
    떨어지자 멍울 꽃   꽃 겨울밤 꽃꽃이
    땅에 다시 피는 꽃   꽃 사연에 잠든 밤

꽃입술 아가씨 팔팔한 나이 **입** 다문 사연은 동박새 알까나

    아담한 이브자리 꽃   꽃 열매 맺은 채 핀
     수놓아 시집 간 꽃   꽃 받침 남기고 간
     냉장 처럼 싱싱 꽃   꽃 연못에 떨어진
    눈 속에 피는 꽃   꽃 멍울 없이 진

오구鳥口 조감도

이상李箱 한 것이
이상李霜 할 것도 없으니 되레
오감 만족할 일 아니다

백로가 먹물 먹으면 까-마귀魔鬼
까마구口 검은 눈물 토하자
까마구鳩 입 오므리면 좁은 길
_____ 벌리면 널따란 신작로다

제1의-아해가 무섭다고 그리오
　제13 아이가 의아해도 글이오
-뚫린 골목이라도 – 질주가-좋소

이상한테 조롱당한 것은
이상하게 조소 날려 우롱한 풍자

기린처럼 남기고 싶은 말
기림 시인은 몽당연필 침 발랐다

하늘 + 조우선

도심, 빈 상자 층층 쌓을수록
이상 날개로 높이 재는 저울대

도처 자행되는 무한대 셈법
야심, 좀처럼 시들지 않는다

궤짝이 허공에 솟구칠 때
원 없이 돌다 밤에만 멎는 시곗바늘
그때 마주한 이웃의 불빛 십자가
자기 터라며 경고한다

잿빛 메케한 구름에 숨 막히고
초고층 위 기중기도 멀미를 한다
첩첩 상자에 갇힌 속내들
철부지는 하늘이 노-한 줄 모른다

치솟는 온도 식을 줄 모른 백엽상자
저울추에 닿은 손가락이 화상이다

　　　　목
　　　포
　　에
　　끌
　려
온
펄 먹은 흑고래 해부되고
비바람에 파닥대는 노란 리본
목탁 소리는 심장을 방망이질
등짝은 다듬잇돌로 굳어 갔지

그날 가우도 출렁다리 건너던 밤
해변 아우토반 도로의 속도는 무제한　　**4구 4일생**

직각 도로에 사선으로 올라탄
오! 나의 블랙박스
빗속 와이퍼 & 와이프
액션 컷!
함부로 남의 슬픔을 감정놀음
쇠닻 낚싯바늘로 돌고래 사냥
중계라도 했을까만
신내림 아니면 물러서야
팔
　팔
　　튀
　　　는
　　　　빙
　　　　　의

秋忆 추억
- 가을 헤아리다

숲 찾아 시 쓰는 기러기 떼
매화 숲에 둥지 틀고
지지 않은 매화 이끼 따 담지

샛별 앞에 안녕도 못 하고
작별로 써 내려간 ㄱㄴ 새 을
백 리 날다 날개 접은 기억

매화 가지 화선지에 꽂꽂이
일곱 꽃잎 피운 말문
칠순에도 시 쓰는 ㄷㄹ 새 을

서릿발 닿은 손 호야
好야 꽃씨는 ㅂ에 심고
노란 은행알 ㅁ에 담다
ㅅ 八八 날아가는 기러기 을

두암초당 갓끈

빙산이 고요 네 평을 갈라놓았다
한 片이 극점 지날 때쯤
변 家 방주가 정박한 칼벼랑
선체의 뜨거움이 빙벽에 닿자
선 채로 굳어버린 화석

선주는 돛대 붓 삼아
황포 돛에 날린 문장
서녘 노을로 떠났다

불현듯 북극성 뱃머리에 꽂히자
배 안 깊숙이 흘러든 화엄
칠선녀 까치발 뗄 때
쇄빙선 꿈틀대며
인천강 누비다
세월 따라
묶인 밧줄 풀어 발자취 따라간다

통 큰 박 서리

아폴로 눈병의 눈물을 아시나요
안달복달도 이쯤이면 부지기수

초가지붕 박을 따고 호박 땄는데
기와지붕 수박 찾으니, 조롱박이 웃지

짝퉁 깃발 날리고 달 분양하듯
호수에 내리뜬 쪽박도 건질 셈

토끼 눈 붉다고 덩달아 방아 찧는
화성 넘보다가 가자지구 요리조리

우크라이나라 우겨 러시아워 아우성
남북 갈라치기 배치기 제발 그쳐

비행기 팔아서 배 채우면 돼지
거북선 탐내는가. 천안배는 어찌하고

겨울을 포옹한다

누가 가을을 결실이라 하는가
촉들이 씨알만큼씩
멈칫멈칫 씨눈으로 세상 훔친다

실뿌리 내려 안으로 심지 키우고
밖으로 촉 내밀어 햇살 머금는다
어미 없이 쪼고 미는 보리알

밤새 내리고 오른 서릿발
내린 눈발은 포근한 목화솜
보리싹들도 도담도담 겨울잠 잔다

까마득한 만주벌 설움 전하고
까마귀 따라 동장군 떠나면
솜이불 속 여린 쫑귀쫑귀 청보리

울 엄마 보리잎 개떡에 된장국
지지난 날 보릿고개 넘고 넘어
누가 겨울을 춥다고만 하는가

마이 웨이 馬耳 way

황금비比 아래
끼리 떼 지어 끼리
마이산이 새끼 낳으면

큰 귀와 작은 귀의 비율이
큰 귀와 전체 귀의 비比가 같다

암말 하지 마라! 말 뒷굽에 차일라
물든 노새의 유혹에 말 날까 탈 날까

새끼 울긋 어미 붉긋 구분도 안 되는데
눈이 내리면 흰말 되니 누구인들 알리요
상말하지 마라 귓속말에도 귀를 세운다

눕지 않는다고 잠 안 자는 건 아니다
어미 지키려고 어린 형제 앞장선다

익어 물들어 가는 천고女비
아무 때나 올라타지 말라
앞만 보고 달리는 말
청노새 배 부른다
어사出또야!

학이 시습

백 년 전 쏜 화살이 과녁에 꽂히자
안팎 다투어 생사를 가늠한다
태양이 폭발하듯 장엄한 불꽃

관통하지 못한 전사는 목줄에 걸려
살을 발라 뼈 추슬렀다가
다시 꿰매어 심장을 펌프질한다

백 년 향한 시위 다시 당긴다
이백 년 후 화살은 허공만이 아닌
스스로 뼈와 살 사이 헤집는
포정*의 칼날 같다

창과 비수로 심장의 피를 쏟지 않고
곧장 얼쑤 춤춰야 한다
무사는 하나의 경전*만이 아니다

학이 날갯짓하면 예쁘지 아니한가

*庖丁: 칼잡이 도인   *輕箭: 가벼운 화살

울지마라 홍어야

구들장 위 꽃방석 눌어붙은 옴팍집
울지마라 홍애야 돈돈 먹딴 울림에
묵은지 맛 접시는 대접이 아니란다

산 들양 판 양 백양 메리 양 5인방
다문화 다섯 마당 노래가 무르익자
상춧잎에 3합을 올려놓고 토하젓의
게미를 더하여 5합이 오대양이란다

다음 육대주 초 중장 화초장도 아닌
붉은 입술의 비린내 난 손가락 빨며
보쌈으로 입-술 넣어주니 6합이란다

육합 l肉 안에 사람이 포개져 있으니
배추 잎사귀마다 사임당이 멀미하고
어몽룡의 매화가 보름달로 차오른다

스무고개 고사리

 1. 영지버섯 핵폭발이다
 2. 탯줄 끝에 하늘 향한 배꼽
    옹관 깨고 나온 도깨비다
 4. 코린트 양식의 기둥 같은 코바늘
    원숭이 꼬리가 코끼리 코 감는다
 6. 손에 움켜쥔 도라지 타령 음표
    아기 주먹이 어른 손 내밀고
 8. 미니 플라이급 권투 글러브다
 9. 꺾고 꺾어도 아홉 번 피어오르면
    당초 문양 돈방석에 눕는다
11. 꽃송이 줄기가 먼저냐 잎이 먼저냐
12. 시비 말라, 두 손 펴면 부챗살
    산불 잿더미의 그림자도 삼켜버린다
    장대로 달을 딸까 별 따다 담을까
    조릿대 죽순처럼 뻗는 사다리
16. 산마루에서 텃밭으로 내려온 나물
    입술로도 삼삼한 통국수 발
    생 조기탕에 시래기 감칠맛
    장작불 솥에서 일생이 꺾이는구나
20. 고사상에 산마을 이름 고사里

주나라 녹 먹기 싫어 고사리 먹다 죽은 이
채미지가* 부르며 소나기에 쓴맛 씻어낸다

*采薇之歌 : 고사리 꺾으며 부르는 노래

시작과 끝의 고개

시옷 사람이다
시작은 마라도에서 북간도까지
사이 창공을 뚫고
시시때때로 구름 속 질주
시간은 되돌릴 수 없다

시퍼런 수평선 보시시
시야에 들어올 땐
시종 눈꺼풀은 깜박깜박 비상등
시착 가늠할 수 없게
시장기가 지평선 어지럽힌다

시위라도 하듯 살포시
시꺼메도 효를 아는 까마귀
시자가 홍시인 줄 안다
시나위 얼쑤 한판 굿 되고
시소게임은 시끄럽잖은 파문

시공 가르는 기러기 떼
시합은 언제나 줄서기
시상대 덤비는 흰머리 독수리들
시나브로 시건방지게 군다
시곗바늘 스무고개에서 멈춘다

해신 굿

흰 고무신 제단에 올려놓는다
방울 울리자 용왕님 강림하신다
봉사 눈에 떡시루 촛불 밝아진다

어둠 속 귀지가 천둥번개 소리다
채찍 없이 오색팽이 돌다가 뛴다
훌쩍훌쩍 울다가 익살스럽게 웃는다

신나락 까먹는 소리 척척 알아듣는다
흔들어대는 대나무에 뱀 타고 내려온다
치마 걷어 신주처럼 고쟁이 속 모신다

박수 제비 어처구니없이도 맷돌 돈다
돈지갑 털린 손재수 제 손으로 빈다
입은 옷 뒤집어 비자금까지 털린다

맨발 신바람 타고 작두날을 탄다
제정신 차릴 운수로 제물 담는다
날뛰는 재주가 제주잔 올린다

개 꼴

편견과 선입견 개가 짖는다
두 개씩 눈과 귀를 가지고도
참견은 없다

개가改嫁 시켜준다고 흘레면
꼴불견

불여우 한 마리가 아니더라도
곁눈질 한 푼어치로
견공의 한 말씀도 망친다

색맹 맹견이 색안경 맹견을
칫간으로 데려가 재 먹인다
주변머리 없는 변사또 나리

입을 두 배로 벌려 짖는 입벌구
ㅁㅁ
^大^
하늘에서 내려다본 눈 사쿠라다
　　　│
　　　곡 哭

콘돔과 고모라
- 성화聖化가 났네

르노 자동차
포 르노 렌터카입니다
행복지수 1위 부탄은 포르NO.입니다
불행의 방향은 폭발입니다

벌떡 서 있는 물건
집집 문밖에 그려 놓은 부적
화장실 표지조차 빳빳한 그것에 'Welcome'
부탄 풍속 후기 몇 컷 카스에 올렸더니
며칠간 '제한된 사용자' 거세당한 기분이다

장발에 미니스커트 입고
거리 누비던 시절은 지났다
식민 잔재 두발과 교복에서 벗어나
강남스타일 방탄조끼가 지구촌 활보했는데

속물 뒤집어쓴 채 가위로 씨 자르는 일
成火가 난다

문이동풍 蚊耳東風
- 모기 귀에 경 읽어라

약속 말실수에 동지 팥죽 싸드리기로 했다
일상의 입벌구 먹거리 감빵으로 전하자
얼마 후에야 건빵 달라는 어거지론
후불은 시치미 뗐다 퇴! 고수레
시래기와 동치미가 궁합인가

우두머리 변사 변론은
난항 맹물 집중 포
쌈 상춧잎에 쨈
숟가락 삽질
동문 서서
답답 만
어사
출~

횟감 도려내는 맞짱 뜨기 건이 건어물인가

우생마사 牛生馬死

폭우에 쪼개진 개울가 목공방
대문간 개 발자국마저 삼켜버린 새벽
무쇠 칼로 키운 말 한 필 보듬는다

마차는 방아섬으로 물장구치니
펜션 처마 소코뚜레가 바람에 울고
망부석은 파도를 잠재우는가

토끼 내려와 방아 찧는 보름날 밤
말꼬리로 써 내려간 '牛生馬死'
넋 앞에 두 손 모은다

갈매기 날갯깃 하늘을 닦고
쇠가죽 북 함께한 징징 소리
하얀 날개옷에 불꽃으로 피어오른다

정화수 올리자, 햇살 눈 부심에
잔잔한 물결 위 하늘 달리는 말

간이역 따라서

눈 감아도 통과하는 길목이 있다
찬바람은 살얼음 적막의 25시
수없이 떠돌던 방랑을 다독인다

놓쳐버린 열차 시간은 멀어지고
기다림은 앙상한 빗장뼈만 드러나
한숨 기어가며 눈물 빼끔거린다

빨간 등 무시하고 치달렸던 길
멀어진 당신 뒤따라
소맷부리로 흐린 표정을 훔친다

역逆으로 갈 수 없는 역
곧게 뻗었지만 사라지는 소실점
미궁을 건너온 푸른 등에 집중한다

언제부턴가
간이역에 앉은 구부정한 두 그림자
네 평의 맞이방, 앞 철길만 나란히

영혼도서관

이집트 알렉산드리아 도서관 외벽에
세계 글자들이 새겨져 있다
컴퓨터가 무작위로 추출한 석 자

'월   세   강'
-달리는 세상 나일강인가

세월 월세 내야 할 때
저물어가는 인생
약이 세월이라면 긴 날이 아닌
예술이어야 한다

분단의 철조망 앞 파주 영혼도서관
기억을 눕혀둔 책들의 무덤 속에
'冊'
많은 多 친구 朋 어깨동무한 책
문자조형가구 한 점 無-덤으로 남긴다

김광석 골목길 그림자

햇볕마저 삼킨 둑 아래 비포장 길
빗물 고인 터 연탄재 버짐 피었지
길바닥에 찌그러진 양은 냄비 툭!
플라타너스 버즘나무잎 눌어붙고
노란 은행잎 띠기 과자 침 바르던
끊어진 고무줄 _____ _____ &

콜록거리 훌쩍거리 좁다란 소야곡
광석-라디오 귓바퀴에 아슴푸레한
기타 줄 끊어진 후 무고한 진혼곡
차곡차곡 "김광석 다시 그리는 길"
지천명 세월에 들어 우뚝 선 기타
새 한 마리 날아와 솟대가 되었다

퇴/ 자본주의 허깨비는 물렀거라!
힙합이 난무한 높은음 벤치 위에
까치밥 차려 박수무당의 난장-굿
껍데기들 모두 모아 싹쓸이할 때

파노라마 병풍처럼 담장 모자이크
노을빛 내려앉은 저물어 간 내리막
눈물 따라 담쟁이넝쿨도 자라난다
퉁! 6번 줄 능청스레 늘어져 가는
그 줄 옆, 또 다른 줄 _____ &

牛川리 3층 석탑

소
한　수
멈춰버린　들밭에는
오랫동안 워낭　소리도 없다
낮참　알리는
하늘　그림자
대각　선으로
뿔을　내밀고
남쪽에서 보면 음　영으로 길게 나뉜다
풍경 소리 대신　지나가는 바람은
탑신의 틈새로　북소리 울림을
백제의　마지막
석별의　물길에
철썩인　파도도
간척지　제방에
십 리 바깥 물러나니　목어도 길목을 찾으리
통일삼한 융성은 그리움에　바싹 말라 사라져 버렸을까
비손하는 만남 더　크게 깊어졌으리라
하늘땅 두 개의　갈림길만 남긴 채
사람은 몇 생　돌은 몇 겁인가
멀리서　보리수 알
터지는　메아리에
콩깍지　불연기는
봉화대의　연날리기다
천도재 향 혼령으로 피어　오른 범종 울려야 할 시간
차오르는 상현달이 아득한　운판인가 입 다문 어미 앞에
애절한 송아지 울음 소리만　엄마니 밭메흠옴마니 뺏메훔

| 평설 |

기상천외한 퍼포먼스, 임기능변의 천의무봉, 풍자 질펀한 무소유 시

노 창 수
(시인, 문학평론가)

1.

파람, 아봄, 난해, 뜬금 등의 호와 필명을 여럿 가진, 그러나 때로 그 호를 반납하기도 하는, 그래 좀 기이한, 그러면서도 활달한 퍼포먼스로 천의무봉 사유를 거침없이 뿜어내는 사람, 그가 조규춘이다. 현장에서 그는 기외奇外의 재간으로 임기능변과 '퍼폼시'로 흥을 돋우는 순발력을 뭐 탄환처럼 장착한다. 한데, 그에겐 내장된 게 더 있다. 사실 13여 년간 꾸준히 시를 쓴 사람이다. 만년설 같은 서정의 맥을 캐는 문학도다. 최근 몇 년간 그는 '디카시' 분야를 섭렵하여 전국 공모전에 20여 차례 상위 입상을 하기도 했다. 디자인과 디카시, 그리고 문자시文字詩, 기호시記號詩, 거기에 세태풍자시世態諷刺詩다 담시譚詩다 하며, 시맥을 찾는바 이 시대 보기 드문 전방위적 시 추격자다. 하지만 나는 안다. 그가 시에 도드라지게 서정성을 입힌다는 사실을. 서사를 끼고돌아 결국은 서정의 골목으로 가 웅크린다는 것도. 그게 의외의 일처럼 보여도 천상 보리밥 먹고 까시락 똥을 누던 보성 촌놈이었다. 동원되는 시어 대부분이 토박이말에 심저온정心底溫情이 마람장을 엮이듯 펼쳐진다.

2

이제, 그의 시 몇 편을 살펴봐야겠다. 10여 년간 수백 편을 쓰며, 그는 밤 고양이를 울리고 새벽 부엉이 눈을 부릅뜨게 했으며, 가족을 등진 채 못박히듯 서재 귀퉁이에서 희미한 새벽을 마주하고 시로 웃었을 법하다. 그중에서 고작 7편을 골라 이 축제상祝祭床에 올리며 그동안 위무할 돗자리를 편다.

> 사십여 년 무사안일한 강당
> 교수형 면한 발목은
> 끝까지 별을 달고 돌아왔다
>
> 아내의 안도하는 눈길에
> 포옹은커녕 악수조차 어색하다
>
> 꿈, 꿈틀댈 수도 없는 세상
> 늦잠 깨어나 보니 뜻밖의 감촉

뻘밭에 빠진 양
수면양말 신겨 주었더니
잠결에 발길질이란다

갈비뼈 하나쯤
별빛처럼 접붙이면 어떠냐고
나는 수면안대를 걸어주었다

-「손끝 발끝」전문

 아뿔싸, 부부의 관계적 아이러니를 유머로 윤색해 입혔다. 시니컬한 분위기이지만 일견 빗나간 인정미가 은근 미소를 훔친다. 그는 "사십여 년" 동안 "무사안일한 강당"이란 자기평가를 하며 교직생활을 정리한다. 그리고 집으로 돌아온다. 평생 교수생활을 한 결과 "교수형 면한 발목"이니 다행이라 여긴다. 그런 심보로 본 운위의 풍자 또한 천의무봉 격이다. 근무하는 동안 별다른 사고가 없었기에 "발목" 잡힐 일은 면했다고 보고한다. 그래 "끝까지" 버텨내 비로소 퇴직이란 "별을 달고" 금의환향하듯 돌아온 것이다. 아내는 이제부턴 자고 쉬라는 뜻으로 그에게 수면양말을 신겨준다. 한데, 잠결에 그만 그 아내에게 발길질하고 만다. 찰나, 미안한 마음이다. 어쩌면 오는 정 가는 정일까. 그는 "갈비뼈"를 "별빛처럼 접붙이면 어떠냐고" 능청을 부린다. 잠투정이 심하니, 자신의 발길질을 아예 느끼지 못하게끔 그녀에게 "수면안대를 걸어주었다"는 식의, 참 말리지 못할 해학으로 부부애마저 풍자적 넋두리로 돌린다. 부부간 화답이란 반드시 언어로 하는 것만이 아니다. 본의와 달리 엇갈리는 이 같은 배려도 상대 여정餘情을 내 것으로 옮겨올 수 있음을 보여주는 것이다.

    빈 상자라도 실을수록 가볍다
    저울대 앞의 덧셈과 뺄셈

    탄력받은 손수레 속도를 더 하고
    덜거덕 소리 줄어든다

    오뉴월 우박이 내려
    비에 씻긴 모래 반짝 촉 틔운다

    생의 수레바퀴는 외상이 없다
    오르막 느릴지라도
    내리막길 재촉해도
    내일 내 일을 당겨 쓰지 않는다

    -손수레가 나를 끄네
    소리는 다른 궤적을 찾는다
    멀리서 칠성판 기다리고 있는가
                      -「할머니의 미사」 전문

리어카의 주인은 폐휴지 팔아 자신을 유지하는 할머니입니다. 그녀는 "오뉴월 우박"으로 "씻긴 모래"가 "반짝촉 틔운" 길을 오른다. 힘겨운 오르막에서 짐 실은 리어카가 느리게 구를 수밖에 없다. 할머니는 정직하다. 내리막길에 이르러 수레가 달리기를 재촉해도 날짜를 당겨쓰지 않으려 하기 때문이다. 바쁘게 일하지 않는다는 뜻은 내일은 내일인 까닭이다. 할머니가 공들여 돈을 모으는 건 따로 있다. 흔히 말하는 밥벌이나 손주 용돈이 아니다. 할머니 기도에 파고든 그 "미사" 때문이다. 죽어 관에 들 때 당신의 사지를 묶을 "칠성판"을 마련할 돈을 벌게 해달라는 기도가 그것이다. 시의 눈은 이리도 깊다. 그녀는 오늘도 폐지를 주우며 리어카를 무겁게 끈다. 할머니의 깨달음은 고물상 저울대 앞이다. 폐지를 많이 주우면 덧셈이겠지만 적게 모으면 시원찮은 뺄셈의 '벌이'이니 곧 자기에게 '벌'이 주어진다. 대체로 그녀의 일상은 뺄셈의 '벌'을 받을 때가 많다. 여기에 시인은 놓칠세라, '벌이'와 '벌'의 병치로 언어유희 포충망을 잡아든다. 수레는 탄력을 배가시키며 내리막을 저절로 구를 때가 있다, 하지만 대개는 가파른 언덕을 올라가야 하기에 입에 쓴내를 풍기는 일을 자주 겪는다. 해서, 생의 수레는 할머니의 '벌이'만큼 느릿하게 구른다. 내일이라 해서 넉넉함을 보장해 주지 않는다. "리어카가 나를 끄네"란 드디어 내리막에 이르렀음이다. 아니, 칠성판을 마련하라고

수레가 스스로 내리막으로 이끄는 것으로 표현하기에 시답다. 이도 역시 중의의 의미이겠다. 그녀는 점차 가까워져 오는 황토색 '칠성판'을 향해 나아간다. "리어카가 나를 끄네"라는 말에는 칠성판 값에 버금할 돈이 불어나고 있다는 암시일 것이다.

>선암사 큰 곰 집 아래 멍에 두른 소
>코뚜레가 땅에 닿을 듯
>쟁기 부리 박고 용쓰고 있다
>
>지난날 큰바람에 뿌리째 넘어진 솔
>엎드린 채 땅을 붙잡고 있다
>솔가지 채찍 휘날리는 바람결에
>그저 고요히 그림자만 품고 있다
>
>쉼은 있는 듯 없는 듯
>들릴 듯 말 듯 솔방울 워낭
>소갈머리로 조잘대는 뱁새 한 마리
>소 등에서 휘파람만 불어 댄다
>
>와 와
>세상이 등을 떠미는데 왜 이리도
>재촉하는가
>소는 묵묵히 누워서 되새김질한다
>―「와송臥松 와선臥禪」 전문

누운 듯 몸을 비튼 와송이 인상에 들어온다. 그 솔을 두고 "선암사 큰 곰 집 아래 멍에 두른 소"로 병치하여 시의 자리에 앉힌다. "코뚜레가 땅에 닿을 듯"한 나무의 모습, 그건 영락없이 "쟁기 부리 박고 용쓰는" 소와 같다. 즉 소의 논갈이 모습을 시각적 장치로 그려낸 것이다. 그 단계는 기승전결의 순차를 따랐다. '쟁기질 하는듯한 소의 형상화'〈기〉→ '뿌리째 넘어진 솔가지 바람을 채찍으로 맞으며 땅을 붙잡고 있는 소나무'〈승〉→ '쉴 틈 없는 소와 소갈머리 없이 조잘대는 뱁새 모습'〈전〉→ '등을 떠밀지만 누운 듯 천천히 가겠다는 와 와'〈결〉의 단계가 그것이다. "와 와"는 쟁기질 용어로 소에게 '천천히 가라'는 의미로 쓰인다. 와송인 '와臥'의 의미를 '눕다', '천천히'란 뜻으로 소나무의 여유로움과 소 모는 소리를 연합해 중의어가 되도록 장치하고도 묵묵 묵언 선禪으로, 되새김질은 깨달음의 선경 세계로 들게 한다.

　이러한 중의법은 '언어적 유희linguistic fun' 기법으로 조규춘 식 발화에 한 특징으로 자리한다. 이는 기상천외한 그의 기질 발휘와 잘 연메될 보법일 듯하다. '언어적 편'이란 현대시 독자가 견디어낼 긴장감으로부터 무장해제를 함이 목적이다. 2000년대 이래 여러 시인이 즐겨 다루는 보편석 시의 문법이 되있다.

해마다 문안드린 백세 수목 한 폭
　　몰골사나워도 꽃이 핀 계당매溪堂梅

　　계곡 따라 달리는 차창 밖
　　밑동이 잘린 매화 한 그루
　　땅바닥에 통째로 누워 있다
　　길섶에 차 세워 골짝을 뒤졌지만
　　흔적 없이 사라진 백발의 나무
　　그건 환시였다

　　-수목요양원으로 모셨다네
　　오백 년은 더 살으라고…
　　쥔장의 말 귓가를 떠나지 않는다
　　이듬해 꽃 피웠다는 소문만 돌고
　　상봉 날은 언제쯤일까

　　지팡이 짚은 소록도 수양매도
　　태풍 매미가 울어대며 모셔갔지만

　　내 영종(令終) 사진 먼저 찍어 둬야 할
　　　　　　　　　　　-「수목요양원」 전문

　대체로 사람은 종생終生쯤에 집을 떠나게 된다. 끝내 그가 요양병원으로 가야 하는 수순이 그러하다. 좋든 싫든 거긴 신변 처리를 맡아 해준다. 마찬가지로 오래

마을을 지킨 당산나무나 늙은 매화나무도 요양원이 필요할지 모른다. '수목요양원'이란 오염된 환경에 적응이 어려울 때 관리인의 보호를 받아야 할 그 나무를 수용할 터이지만 이후 생은 차츰 위험해지기 마련이다. 화자가 본 '계당매'는 풍우의 더께로 몸피가 죄 얽었으나 꽃 향만은 짙다. 탐매하러 가는 차창으로 얼핏 밑동 잘린 매화가 스친다. 그는 차를 세우고 찾지만 백발 나무는 없다. 순간의 이 환시는 명품 매화로 향하는 그 간절함에서 빚어진 일이다. 희구의 탐매욕探梅慾에 헛것이 백발의 실재로 향하는 기억이다. "쥔장"이 수목요양원에 모셨다는 말에도 의심이 든다. 매년 탐매 때 찍어 오던 터라 이제는 제 영종令終 사진 먼저 찍을 차례라고 말한다. 그래, 매화는 사라졌다. 오백 년 이어갈 방도를 찾기 위해 멀리 보냈다는 요양원이 궁금한 건 화자나 독자도 마찬가지다. 결국 이 시는 노매老梅의 행방을 찾아가는 감정, 그리고 그가 상봉할 꽃에 대한 그리움, 그러나 부재한 감정을 노정함으로써 오랜 존재에 대한 향수적 생태성을 부여한다.

3

> 햇볕마서 삼긴 둑 아래 비포장 길
> 빗물 고인 터 연탄재 버짐 피었지
> 길바닥에 찌그러진 양은 냄비 툭!

플라타너스 버즘나무잎 눌어붙고
노란 은행잎 띠기 과자 침 바르던
끊어진 고무줄 _____ _____ ⅋

콜록거리 홀쩍거리 좁다란 소야곡
광석-라디오 귓바퀴에 아슴푸레한
기타 줄 끊어진 후 무고한 진혼곡
차곡차곡 "김광석 다시 그리는 길"
지천명 세월에 들어 우뚝 선 기타
새 한 마리 날아와 솟대가 되었다

퉤¡ 자본주의 허깨비는 물렀거라!
힙합이 난무한 높은음 벤치 위에
까치밥 차려 박수무당의 난장-굿
껍데기들 모두 모아 싹쓸이할 때

파노라마 병풍처럼 담장 모자이크
노을빛 내려앉은 저물어 간 내리막
눈물 따라 담쟁이넝쿨도 자라난다
퉁! 6번 줄 능청스레 늘어져 가는
그 줄 옆, 또 다른 줄 _____ ⅋
　　　　　-「김광석 골목길 그림자」전문

　김광석(1964-1996)은 80~90년대를 아우르며 진정
성을 토로한 싱어송라이터이다. 통기타 곡 〈서른 즈음

에〉는 음악평론가들로부터 당시 최고 노랫말로 선정되기도 했다. 다른 히트곡도 여럿 남겼다. 그는 포크송 사상 요절한 가객歌客으로 오래 회자되는 이름이다. 대구 대봉동은 그가 살던 방천시장 인근에 있다. 그의 삶과 음악을 테마로 조성한 벽화의 골목거리를 도식화한 듯 형태시로 펼친다. 화자는 "햇빛마저 삼킨 둑 아래 비포장 길 빗물 고인 터 연탄재 버짐"핀 길을 가다 "찌그러진 양은 냄비 툭"찬다고 전한다. 거기 이어지는 길 "플라터너스 버즘나무 잎 눌어붙"은 풍경, "노란 은행잎"을 주우며 "띠기 과자 침 바르던 끊어진 고무줄"을 소환한다. 당시 가수가 산 시대를 화자의 그것과 연결해 보인다. 그러다 그만 "툭!"이란 상징어로 김광석의 죽음을 압축한다. "콜록거리 훌쩍거리", "좁다란 소야곡", "광석-라디오", "무고한 진혼곡" 등 당시 유행하던 말과 사물을 오버랩시키며 치받는 리듬이 "차곡차곡" 쟁여진 거리를 지난다. 하지만 이젠 "힙합이 난무한 높은음"에 밀려 대봉동 골목에 남겨진 내리막은 벌써 저물어버리고 기념물만이 그를 대신한다. 기타 "6번 줄 능청하게 늘어져"가듯 "그 줄 옆 다른 줄"이 된 시간을 맞듯 우리는 김광석을 잊었다. 하지만 화자는 그를 동시대를 산 사람답게 담화론이나 풍자적으로 접근한다. *그*가 〈서른 즈음에〉를 부를 때 높은음 부위 하모니카를 내두르다가 끝내 오열하듯, 마침내 제 기타마저 부숴버리려고 박치던 모습,

그때 젊은 관중들은 얼마든지 오줌을 싸버려도 좋을 만큼 열광한 바 있다. 그는 90년대 대학가의 우상이자 물상이었다. 그 김광석은 우리 시대 달아난 청춘, 그 앤솔로지 판을 쥐고 〈어느 60대 노부부 이야기〉를 부르며 지하에서 흐느낀다. 그 골목길에 다가선 그림자는 시인의 것일까, 김광석의 환생일까.

"고무줄 _____ _____ &"처럼 사람이 고무줄을 당기는 시대를 지나 그 옆의 다른 "줄 _____ &"로, 줄과 사람이 멀어지는 시대를 상징해 보인다. "자본주의 허깨비"를 "퇴 ¡ "하고 뱉어버리는 그때, 거꾸로 선 느낌표를 일으킬 듯한 김광석 자리가 그리워진다. 그가 부렸던 높은음 아래에는 온갖 난장도 싹쓸이할 수 있는 힘을 지녔더랬다. 한데, 현대는 자본주의 줄을 늘이려고만 달려든다. 김광석이 고뇌하며 앓던 골목길, 그곳에 나부꼈던 깃발과 그림자를 이제 시인이 내린다. 시는 그걸 부정하는 듯하지만, 사실 읽는 독자는 재 지탱시키려는 역설의 마력을 보게 된다.

4

평화 통일 물 건너 일통-화평 가련다

태안사 계곡물 따라 갈라지고
동리산 죽곡 빗방울 어깨를 내리친다
투둑투둑 길바닥에 튕기는 우레비

어느 편의 부메랑인가

쭉 뻗은 다리인 양 헐벗은 주목 나무
섬진강을 미처 건너지 못한 청설모
어서 건너가라고 외나무다리 된다

폭우에 떠내려온 나무 동강 방아깨비
빈 물레방앗간 찾아든다
계곡 바위 뒤 숨어 있는 산짐승 울음

이산 저산 천둥이 울고
뼛가루 갈아 은빛으로 튀는 물 밖에
쉬리, 짝을 찾아 오르내리는데
─「압록에서 곡성」전문

섬진강과 보성강이 합류한 기점이 압록鴨綠이다. 여기서부터 강은 굽이굽이길[曲城]을 거쳐 바야흐로 이른 데가 곡성谷城이다. 한국의 10대 아름다운 길로 알려졌지만, 사실 고려시대는 장사꾼들이 이곳을 찾을 때마다 길이 힘들기에 우는 일이 많아 곡성哭聲으로 불려진 곳이다.

이런 사유인지 시에서도 강을 건너지 못해 청설모가 주저하고, 동강 방아깨비가 불레방앗산에서 산짐승 울음소릴 듣는다. 길바닥을 튕기는 우레비, 천둥의 울음 등 통곡으로 점철되어 있다. 그러나 경계의 밖은,

청설모에게 "외나무다리"가 되어주는 주목 나무, 그리고 "폭우에 떠내려온" 방아깨비가 물레방앗간에 이르는 길, 바야흐로 2 "은빛으로 튀는 물 밖에 쉬리"를 만나듯, 화평세상을 오르는 강의 길이 빛나는 곳이다. 압록에서 듣는 곡성哭聲은 이처럼 빗방울에 젖어오는 밀밀한 울음소리를 깐다. '청설모, 산짐승, 방아깨비, 쉬리'들이 '주목 나무와 물레방앗간과 우레비'를 만나 화평계로 나아가는 부메랑이 된다. "은빛으로 튀는 물 밖에" "쉬리"가 짝을 찾으러 비상하는 곳에 "일통-화평"은 열린다. 시의 처음인 "평화 통일"은 물 건너에 존재하는 다른 화평 즉 거꾸로 읽어본 "일통-화평"이 압록에서 곡성으로 이어지는 그 세상일 것이다.

    글은 송곳이 아니면 쓰지 말고
    그림은 칼날 아니면 그리지 말아야 한다
    닳아 무뎌진 펜촉
    스스로를 찌르며 녹슬어가는 글
    녹슨 언어로 상처 덧나게 해선 안 된다

    공중에서 맴도는 말들
    숨은 볼펜 심 쥐어짜듯 토해낸다
    모기 눈알 같은 저항에
    구르며 토한 쥐눈이콩 글자들
    눈알이 빠져도 조서는 끝나지 않는다

먹물 대신 핏물로 채운 붉은 리스트
갈기다가 피의 응고를 부른다
벗고 벗기고 추락 앞에 추잡한 꼴불견

생체 인식기가 키보드를 대역한다지만
말하지 않으면 스스로 시인하는 것
글 하나 죽어야 비로소 태어나는
말, 말
　　　　　　　　　－「붉은 펜의 증후군」 전문

'메타시'는 조규춘 시인이 더러 쓰는 무기다. 그에 의하면 모름지기 글이란 아픈 곳을 "송곳"으로 찌르듯 써야 함을 말한다. 이때 "상처를 덧나게" 하지 않아야 한다. 그래, 독자의 감동을 자아내는 글이 되어야 한다는 걸 말한다. 그는 이데올로기적 사고에서 뒷짐 지고 살지만은 않았기에 시국이 어수선할 때면 트라우마에 내심 시달리기라도, 생의 단면을 실행에서 들춘 듯 글에 비해 "그림은 칼날"로 다듬어내듯 그려가야 한다는 지론을 펴기도 한다. 글 쓰는 일은 "무뎌진 펜"으로 스스로를 찌르지만, 그리는 건 "칼날"처럼 "녹슬어가는 날들"을 자기 세계에 이르도록 하는 것이다. 요컨대 글은 "녹슨 언어"로는 발도 붙일 수 없게 장치하는 일이 중요하다. 그러니, 게으르지 않아야 할 일이다. 한데, 대부분은 글을 쓰려고 작정만 하다 떠오르는 글을 붙잡지 못하고 그냥 허공에 맴돌게 할 때가 많다. "모기 눈앞 같은 저항"에 억지 토해낸 듯한 콩알 같은 단어들만 빼곡히 부리는 일이 그렇다. 글의 자초지종을 따지기만 하는 "조서"와 같은 글로는 그 끝을 보지 못한다. "핏물로 채운 붉은 리스트"를 "갈기다가 피의 응고를 부르"는 수도 있다. 첨단 영상 장비 "생체 인식기"로 "말하지 않으면 스스로 시인하는 것"으로 간주한다는 작금의 시사성을 들추어 그건 쓰지 못한 채로 죽는 일과 같다 한다. 이제, 챗봇과 AI의 시대로, 이들은 이미 작가 대역으로 쳐들어와 있다. 작가나 시인의 전유물이던 글이란 이제 "죽어야 비로소 태어나는" 전신의 그 "말, 말"일 것이다.

5

로젠블랫Louise Rosenblart은 시의 독서행위를, 거래이론transaction theory을 바탕으로 한 '반응중심 수용미학'이라 재해석한 바 있다. 반응중심이란 독자에 주는 시의 독특한 호소력, 즉 색다른 메시지로 시적 호기심을 일으키는 미학이다. '시-독자'의 거래에 상호 길항拮抗하듯 양측에 가독성을 높일 수 있을 때, 시의 효과는 상승하기 마련이다. 반응중심 시의 체제는 '시인-독자'를 맥락적으로 보는바 일견 '경영체제'와도 같다. 해서, 독자를 새롭게 모실 그 필수 틀로 볼 수 있다.

이와 관련해 조규춘 시는 '시인-독자' 사이에 맥락적 역할을 하며, 특별한 경험적 담론을 들려주는, 예의 그 반응중심의 미학을 표방한다고 볼 수 있다. 이는 미학과 디자인 전공자가 모색하는 그만의 시적 선택일 것이다.

그는 첫 번째 시집 『공수래 병수거』(2016 시와사람), 두 번째는 디카시집 『줄탁동시』(2017 시와사람)를 내면서 문단에 올랐다. 특히 두 번째 시집은, '디카시' 장르가 정착되지 않았을 때 실험적으로 쓴 시집이다. 표제에 〈디카시집〉이란 명칭을 붙여 주변을 놀라게 한 일도 있다. 한술 더 떠, 시집 『줄탁동시』에 나온 디카시를 모두 기획 전시한 일도 기억할 일이다.

예컨대 '정읍 동죽서원'(2018.3.31.-4.1.), '대원사 티벳박물관'(2018.4.4.-5.22.) 등에서 열었으니, 지역에선 '디카시' 원조란 별칭 또한 객관적으로 입증된 셈이다.

그의 사진시, 기호시, 디카시 등은 시와 독자의 거래 이론적 미학을 추구하면서도 질펀한 풍자세계와 맞닿아 있다. 2004년부터 2025년에 이르는 동안 한국 문단은 실로 '디카시 시대'라 할 만큼 번성하고 있다. 차제에 그를 디카시에 대한 개척자, 전도사라 불러도 좋을 듯하다. 이처럼 그는 남이 가지 않은 곳에 먼저 달려들어 끝장을 보는 추진력을 갖고 있다. 그렇다면, 그는 좌충우돌의 모험주의자인가.

그러나 이 같은 형이상학적 칭송보다는, 솔직히 난 철들지 않은 그의 형이하학을 사랑한다. 해서, 앞으로 더 속없는 시의 철부지로 살아가기를 바란다. 오늘, 무슨 변고인지 10년의 침묵을 깨고 시집을 상재한다고 한다. 난 그의 서정 보따리를 훔칠 흙손을 이미 넣어 본 셈이다. 기왕에 만질 것, 주워다 쓸만한 것이 없는가 하고. 한데, 제법 큰 보물을 만지는 기분이다. 아마 이 시집의 독자들도 보이지 않는 보물을 만지게 되리라 믿는다.